本书受北京市教育委员会"知识管理与实验经济学平台建设项目"资助

程桂枝　孟海亮　著

高校创新方法与创新体系研究

STUDY ON INNOVATION METHODS
AND INNOVATION SYSTEM
IN UNIVERSITIES

社会科学文献出版社
SOCIAL SCIENCES ACADEMIC PRESS (CHINA)

前　言

　　高校是知识创新的重要基地。研究高校知识创新理论、创新方法与创新体系是知识管理和科技管理领域的重要内容。本书总结笔者近几年的研究成果，共八章，主要研究内容包括以下几方面：高校知识创新理论；创新方法的兴起与发展；国内外高校创新方法研发与推广现状；北京高校研发推广创新方法的优势、地位与作用；北京高校研发推广创新方法的现状分析；北京高校研发推广创新方法的总体思路和对策建议；高校知识创新产学研联盟研究；北京高校知识创新体系设计。

　　本书主要由程桂枝、孟海亮完成，在此向课题组所有成员表示感谢。他们是葛新权、李晓非、金春华、周飞跃、尹洁林、牛芳、饶彩霞、王海津、张荣杰、刘建芳。

　　本书的出版受到北京市教育委员会"知识管理与实验经济学平台建设项目"资助，感谢北京市教育委员会科学技术与研究生工作处处长叶茂林博士和赵清副处长的大力支持。

　　特别要感谢我们的老师张守一教授。他在国内很早就研究知识经济、知识管理，并任依托北京信息科技大学建立的北京市哲学社会科学研究基地——北京知识管理研究基地学术委员会主任，他在基地知识管理研究中发挥了重要的指导作用，在此向他表示衷心的感谢！

本书参考了大量文献资料，在此向所有的作者表示感谢。

由于我们对高校知识创新方法与创新体系的认识还处于起步阶段，书中难免有不妥之处，诚恳地希望得到各位同人的批评指正，并对此深表谢意。

作　者

2013 年 1 月 18 日

目　录

Contents

第一章 高校知识创新理论

第一节 高校知识创新的内涵

一 知识创新的概念

关于知识创新理论，国内外学者已进行了大量的研究。熊彼特首先从经济学意义上提出了创新理论，把创新理解为执行新的组合，即建立一种新的生产函数，把一种从来没有过的关于生产要素和生产条件的新组合引入生产体系。随后，美国学者阿密顿提出了知识创新概念。他认为："所谓知识创新，是指为了企业的成功、国家经济的活力和社会的进步，创造、演化、交换新思维，包括新思想的传播和应用、新知识和新思想的商业化等。"此后，Nonaka和 Takeuchi（1995）提出了 SECI 知识创新模型，他们认为：知识可以分为显性知识和隐性知识；人类的知识创造活动就是显性知识与隐性知识相互作用、螺旋上升的过程；每个组织都有其特定内容的知识，这些特定内容的知识都是通过知识所有者个体间相互作用而创造的①。

国内学者李俊龙（2012）认为，知识创新包括科学知识创新、技术特别是高技术知识创新和科技知识系统集成创新等。知识创新的目的是追求新发现、探索新规律、创立新学说、创造新方法、积

---

① Nonaka I. , Takeuchi H. , *The Knowledge-Creating Company*：*How Japanese Companies Create the Dynamics of Innovation*, Oxford University Press, USA, 1995.

累新知识[①]。王烽（2001）认为，知识创新是在经济发展与知识发展关系密切的条件下，尊重科学发展的内在逻辑和外在需要进行的知识生产、知识传播和知识应用的系统过程。知识生产、知识传播和知识应用在经济发展中并不是一个线性过程，而是充满了反馈和交互作用的系统网络[②]。林东清和李东（2005）认为，组织的知识创新是指除了外部获取所需的知识外，组织内部的个人、群组及整体通过不同的方法（包括创意、实验、教育训练、讨论、互动等）来增进、强化原有的知识，或创新开发原来不存在而对组织有价值的新知识[③]。

二 高校知识创新的概念

高校是整个社会知识生产和传播的重要组成部分，知识创新是高校的重要职能。高树仁（2008）认为，高校知识创新是指高校科研机构在已有知识资源的基础上通过科学研究（包括基础研究和应用研究）获得新的基础科学知识和技术科学知识的过程，其主要成果表现为新的科学事实、科学规律、科学理论，以及新技术、新产品、新方法、新手段和开辟新的认识领域。知识创新是高校的内生性功能，高校的知识创新成果通过知识传播、技术扩散，可以实现知识创新的经济效益。

第二节 基于三螺旋模型的高校知识创新理论

由于多种原因，我国高校在知识创新方面尚存在一些突出问题。如知识创新模式的"作坊式"运作；科技成果转化率和

---

① 李俊龙：《企业内知识共享与知识创新螺旋过程研究》，重庆大学硕士学位论文，2012。

② 王烽：《大学知识创新行为的经济实质和特征》，《软科学》2001 年第 2 期，第 80～83 页。

③ 林东清、李东：《知识管理理论与实务》，电子工业出版社，2005。

利用率低；大量具有技术转化和产业化前景的创新成果被束之高阁；专利授权数量少，缺乏知识产权保护意识；衍生知识型企业数量少、规模小，缺乏市场竞争力，对区域创新的提升力度不足；等等。三螺旋理论建立在高校、产业、政府的多重互动关系基础之上，从组织理论、社会学、管理学等多角度研究社会创新的实现问题，突破了传统线性模式的框架。把高校、产业、政府三方看作相互独立、平等的主体机构，看作创新的要素，通过机构之间的相互支撑、有机互动营造持续创新的环境，形成三种力量交互影响、螺旋上升的三螺旋关系，为高校知识创新提供组织动力①。

一 基于三螺旋模型的高校知识创新模型

三螺旋理论是从 20 世纪 90 年代中后期开始流行的一种知识创新理论，它弥补了传统知识创新理论的不足。美国的 Henry Etzkowitz 和荷兰的 Loet Leydesdorff 提出了高校－产业－政府三螺旋模型，在学术界引起了很大的反响。

从根本上说，三螺旋理论提出了一种非线性螺旋形的创新模式，高校、产业、政府在创新过程中通过组织的结构性安排和制度性设计实现三方密切合作、相互作用，以加强资源共享与信息沟通，提高整体效率。同时，三螺旋的每一方都保持自己原有的作用和独特的身份，彼此平等，相互重叠。三个机构通过互动建立起高度互惠的联系，并创造性地构建相互支撑的知识创新组织机构和三边网络，实现促进基于知识的经济发展，并通过知识和市场的力量不断重复，以达到持续发展的目标②（见图 1-1）。

---

① 高树仁：《基于三螺旋模式的大学知识创新理论研究》，大连理工大学硕士学位论文，2008。
② 张秀萍、高树仁：《论基于三螺旋理论的大学知识创新模式》，《沈阳师范大学学报》（社会科学版）2010 年第 3 期，第 83~86 页。

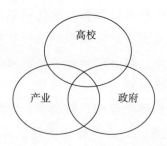

图 1 - 1　高校 - 产业 - 政府三螺旋知识创新模型

二　基于三螺旋模型的高校知识创新模式

基于三螺旋模型的高校知识创新模式就是官产学联盟，是高校、产业、政府之间为实现其特定的目标（如资源共享、技术创新等），通过契约而结成长期优势相长、风险共担、组织松散结合的一种新型合作方式。根据国家创新系统和三螺旋理论，高校、产业、政府虽然是三种"异质"的组织体，但因为产业界具有物资、信息等市场要素方面的优势，高校具有研发能力、技术要素方面的优势，政府具有资金、组织调控能力方面的优势，使得它们之间的战略联盟能够达到资源共享、优势互补、互利共赢、异军突起的创新效应和境界。

当前，日本将官产学联盟作为科技立国政策的最重要举措之一。欧美国家也纷纷仿效日本的模式组建官产学联盟研发机构。由于技术创新和成果转化的成功取决于资金、技术与市场三大要素，因此官产学联盟得以成为技术创新和成果转化最有效的形式之一。技术成果转化只有依赖于官、产、学结盟并进行资源整合后，才能够发挥最大效益，从而贡献于高校知识的创造与活用，实现企业技术革新，促进国家经济的增长。从三螺旋理论和官产学联盟的互动模式可以看出，科研机构的功能可以被内化在官、产、学各个主体中。高校、产业、政府都可以设立专门的研发机构，高校和政府也呈现产业化的倾向。在彼此独立而又"你中有我"的相互交错中，

"技术商业化"成为高校、产业、政府的共同目标和连接纽带①。

三　基于三螺旋模型的高校知识创新模式的特点

面对当今社会的新挑战，传统的高校知识创新模式已显示出很多不足，无法实现知识社会对现代高校的期望。为此，我们有必要基于三螺旋理论建立新的高校知识创新模式，以应对现实社会前所未有的多样性和复杂性。这一新的高校知识创新模式具有以下几个鲜明的特点。

1. 淡化学科边界，提倡跨学科创新

基于三螺旋模型的高校知识创新模式下，越来越强调跨学科、跨领域的研究和交流，许多研究课题往往需要多个领域的专家共同参与。大量调查结果表明，跨学科、交叉学科研究往往会出新成果。高校应该充分重视跨学科的重要性，大力提倡和鼓励跨学科知识共享，开展合作研究，这样有助于高校创新能力的增强和提高。高校构建跨学科知识共享平台，能够使知识共享更为便捷、参与度更高，有利于凝聚高校内部相关学科的研究力量，实现科研水平跨越式的发展。

2. 强调过程管理，注重知识产权保护

基于三螺旋模型的高校知识创新模式下，高校更强调过程管理。受自身利益的驱使，高校、产业、政府及其他相关机构必然注重对科研项目的过程管理。评估是对科研项目过程进行有效管理的新途径，不仅关注研究者个人，而且强调对科研计划、科研项目和科研机构的评价，评估的内容不仅涉及研究活动的直接产品，而且重视科学研究的过程及其带来的多方面影响。通过定期的检查考评，及时发现和解决项目实施过程中遇到的问题和困难，最大限度地保证项目正常执行。

---

① 边伟军、罗公利：《基于三螺旋模型的官产学合作创新机制与模式》，《科技管理研究》2009 年第 2 期，第 4~6 页。

同时，建立和完善相应的知识产权保护机制，以确保高校的知识创新成果以高质量和高效率服务于企业，并得到高额的回报以驱动高校知识拥有者继续创新。美国非常重视科技立法，为促进大学和联邦实验室的技术转移，于 1980 年通过了《巴赫－多尔法》和《技术创新法》，明确了公共资助所研发产生的发明权归属问题，成为美国政府的专利政策界碑性法律，并作为许多国家知识产权立法的蓝本。它有力地促进了公共研究机构和大学研究成果向产业的转移。之后，美国又通过了《联邦技术转移法》和《联邦技术转移商业化法》，进一步简化了公共研究机构技术转移的程序，刺激了公共研究机构的专利和许可活动①。

3. 以市场为导向，注重知识应用与技术转化

市场取向是三螺旋模式下高校知识创新的核心特征。以前的高校知识创新倾向于在大的学术背景中对热点问题进行研究，从而形成成果和解决问题。研究成果主要通过在高质量的专业刊物上发表文章以表征和体现其价值。"重基础研究、轻应用研究，重发表文章、轻成果转让和开发"的现象在高校的科研工作中比较严重。这种知识溢出模式造成了高校与企业在技术开发上相互分离、知识流通渠道不畅的局面。

三螺旋模式作为一种新的合作创新模式逐渐出现，高校站在新的历史起点上，其作用被政府和企业所瞩目。高校知识创新活动被许多外在力量推动或牵引着。为了提高高校创新成果的应用效益和潜在转化效益，现代高校应注重在科研内容和质量上下功夫。在应用研究立项之前，必须首先进行技术市场需求及其趋势调研，进行产业化条件的调查，根据投入－产出的综合分析来决定该应用项目的启动、内容、周期、资金，真正使高校的研究成果具有应用的可能性。以市场为导向的科学研究不仅可以提高新知识、新技术的应

---

① 张秀萍、高树仁：《论基于三螺旋理论的大学知识创新模式》，《沈阳师范大学学报》（社会科学版）2010 年第 3 期，第 83~86 页。

用率，缩短潜在科技成果的转化时间，还可以促进高校企业的生成。高校师生利用高校的研究成果创办独立企业是知识转化的一种有效手段。在这方面美国已经取得了许多成功的经验：一方面，美国政府以政策支持高校创办独立企业；另一方面，美国一些知名的跨国公司就是高校独立企业"出身"。美国许多重要的技术产业集群（通常称为技术园区），包括硅谷、波士顿128公路地区、北卡罗来纳研究三角园等也可以追溯到高校创办独立企业。近年来，欧盟也大力促进高校企业的发展，仅英国剑桥的技术产业集群中就有1/5的企业是高校企业[①]。

4. 突破高校个体，形成知识创新网络

基于三螺旋模型的高校知识创新模式下，知识创新呈现高校、产业、政府三位一体的知识创新网络。实践已经证明，知识创新网络与单个高校相比，具有更强的竞争力和更好的创新绩效。周立军（2009）经过研究认为，高校、产业、政府三位一体的知识创新网络的优势在于以下五个方面。①创新网络有利于知识溢出和互动学习。创新是一种社会的、非线性的过程，是行为主体间知识交流与资源共享等相互协同作用而产生知识和创造新技术的过程，也是学习知识的过程，所以知识和学习是创新成功的核心条件。创新网络是其内不同主体知识传递的主要渠道，可以促进参与者之间的知识共享，缩短创新周期，提高创新成功率。②创新网络有利于行为主体间的资源共享与互补，降低研发成本和创新风险。由于技术系统和创新中所需知识的复杂性，以及创新的跨学科特征，创新所需的科学知识分布在不同的组织中，任何一个企业都不可能掌握创新所需的全部知识体系，利用网络关系获取互补资源成为非常重要的环节。③创新网络有利于分工协作，提高产品和产业的竞争力。在创新过程中，相关行为主体之间的分工协作是非常重要的，可以提高

---

① 高树仁：《基于三螺旋模式的大学知识创新理论研究》，大连理工大学硕士学位论文，2008。

创新网络的效率。④创新网络有利于构建非线性的合作创新平台。这种基于高度信任基础上的合作创新，表现为契约化的合作生产经营，从而减少了机会主义的发生，降低了交易成本。⑤创新网络有利于创新文化和社会资本的培育①。

第三节　高校知识创新体系的要素与平台

一　高校知识创新体系的要素

高校知识创新体系是高校科技创新体系的基础，其主要功能是知识的生产、扩散与传播，其作用是把高校对自然和社会进行的基础研究和应用研究中所获得的新现象、新规律、新原理扩散与传递到需要它的技术创新系统中去，从而启发并产生新产品、新工艺、新产业领域②。高校的知识创新系统由参与基础研究和应用研究的专家、教授及其相关的学术研究机构组成，其执行主体是高校的重点学科、基础研究重点实验室和重点研究基地等，其主要任务是开展包括国家自然科学基金在内的各类科学研究及其基础性自由探索研究，是以国家发展目标为发展方向的科技创新子系统③。

高校知识创新活动的关键并不取决于某个科研人员的能力，而是取决于高校知识创新体系中各个组成要素、结构、功能及其整体的综合竞争力。高校知识创新体系各要素充分发挥作用是提升高校科研创新能力的关键，高校知识创新体系的核心要素至少包括学科结构、科研创新团队、科研基地、科研组织和管理制度。

---

① 周立军：《区域创新网络的结构与创新能力研究》，南开大学博士学位论文，2009。

② 张凤、何传启：《知识创新的原理和路径》，《中国科学院院刊》2005 年第 5 期，第 389 页。

③ 沈春光：《基于系统论的高校科技创新体系的要素与结构平台建设研究》，《人力资源管理》2009 年第 2 期，第 247～250 页。

1. 学科结构

学科是高校从事人才培养、科学研究和社会服务的基本单元和枢纽，是高校知识创新的源头，是孕育新知识的沃土。构建适应知识经济发展的学科结构是高校知识创新体系建设的核心之一。形成具有自己特色的一流学科或优势学科，既有利于高校的知识创新，更有利于高校的原始创新。

2. 科研创新团队

科研创新团队是高校知识创新的主体，离开了主体要素，知识创新便成了无源之水、无本之木。科研创新团队的知识能力结构、科研分工和整体实力决定了高校知识创新的水平和效率。

3. 科研基地

高校知识创新体系的科研基地包括实验室、研究所、研究中心、研究基地等，这些科研基地为高校知识和信息的交流，以及知识和科技的创新提供了良好的平台。科研基地和科研创新团队的建设构成了高校知识创新体系的创新源。

4. 科研组织和管理制度

高校科研组织和管理制度构成了高校科研活动的制度环境。高校知识创新的制度环境往往制约着科研人力、创新资源等方面的组织和配置，关系到科技人员创新的积极性，影响着高校知识创新过程的各个方面，最终影响着高校知识创新的能力和水平。

以上这些核心要素担负着高校知识创新、知识传播和知识转化的功能，直接影响着高校知识创新的能力和水平。同时，这些核心要素之间相互联系、相互作用，共同构成高校知识创新体系，决定着高校知识创新的能力。

二 高校知识创新体系结构平台的构建

高校知识创新体系是一个包含诸多知识创新要素和子系统的复杂系统，是高校科技创新体系的重要组成部分。高校知识创新体系的目标是将高校知识创新各子系统有机地组合起来，并与政府、企业、科研院所和科技中介机构等其他国家科技创新体系子系统紧密联系、相互配合，形成一个开放的高校知识创新体系结构平台，吸引、整合、汇聚各方资源，最终使高校成为知识、技术、产品创新的发源地。高校知识创新体系结构平台模型见图1-2。

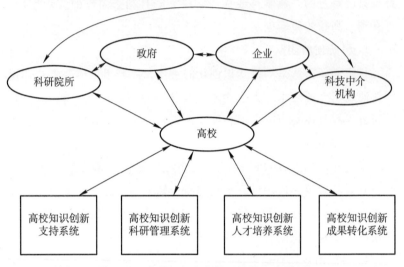

图1-2　高校知识创新体系结构平台模型

高校知识创新结构平台是高校进行知识创新的重要基础，该平台可以分为内部和外部两个系统。在内部系统，其核心部分包括高校知识创新支持系统、高校知识创新科研管理系统、高校知识创新人才培养系统和高校知识创新成果转化系统。在外部系统，其核心部分包括政府、企业、科研院所和科技中介机构等其他国家科技创新体系子系统。

1. 高校知识创新支持系统

高校知识创新支持系统是高校知识创新体系的基础，其主要功能是让高校科研人员及时获得国内外相关领域的最新研究成果，提高研究的理论水平，避免重复研究和科研资源的严重浪费。该系统主要包括图书馆建设、期刊数据库（数字图书馆）建设、学术会议资料的收录建设等。

2. 高校知识创新科研管理系统

高校知识创新科研管理系统是确保高校知识创新体系健康发展的重要保障，其主要功能是通过高校科技管理制度改革，通过制度安排和制定科技政策，合理、优化配置高校各类创新资源，推动高校的知识创新和技术创新。该系统主要包括：一个能够充分为高校知识创新体系服务的功能齐全的科研管理机构；一套鼓励高校科技人员积极创新的科研政策和人事制度；一个完善的科研软环境和硬环境；等等。

3. 高校知识创新人才培养系统

高校知识创新人才培养系统是高校知识创新体系的重要组成部分，其主要功能是培育创新人才，合理使用创新人才，让高校的知识创新体系具备持久的创新能力和功效。该系统主要包括：重视教师队伍和学生创新能力的培养；重视学科建设、科研基地建设、科研团队建设；等等。

4. 高校知识创新成果转化系统

高校知识创新成果转化系统是高校知识创新成果转化为现实生产力的关键，其主要功能是通过高校与产业界的合作来适应社会需求，并进行知识挖掘、技术开发、技术咨询和技术转移。该系统主要包括：跨校多机构合作研究；官、产、学、研的合作研究和合作开发；知识产权的保护和管理；等等。

5. 政府

政府是高校与企业、科研院所、科技中介机构联系的一个桥梁，它的主要作用体现在政策导向、计划导向、财政扶持、税收扶持、信贷扶持和法律保障等方面①。

6. 企业

企业是高校知识创新实践的延伸场所，是高校知识创新成果转

---

① 黄建、余为：《高校科技创新体系建设研究》，《中国高校科技与产业化》2009
年第9期，第57~59页。

化的重要基地。它的主要作用体现在人才重塑与吸纳、成果转化与孵化等方面，完成科技信息到商品价值的实现，产生良好的经济效益和社会效益①。

7. 科研院所

科研院所是国家创新体系的重要组成部分，它的主要职责是人才支撑、技术支持、成果转化、产品开发等，它与高校、企业紧密联系，促进知识创新、科技创新。

8. 科技中介机构

科技中介机构也是国家创新体系的重要组成部分，在政府、高校、科研院所及社会不同利益群体间发挥着桥梁和纽带的作用。它以专业知识、专门技能为基础，面向社会（包括高校）开展科技咨询、成果转移、风险投资、科技投标、技术产权交易、信息服务、金融服务、法律服务等专业化服务。

---

① 黄建、余为：《高校科技创新体系建设研究》，《中国高校科技与产业化》2009年第 9 期，第 57～59 页。

第二章　创新方法的兴起与发展

　　目前北京正在全面落实科学发展观，贯彻执行"科技北京"行动计划，努力把北京建设成我国创新发展的核心引领区和具有全球影响力的科技创新中心，最终成为经济、社会、生态全面协调可持续发展的世界城市。要实现北京城市既定发展目标，一个核心工作就是提升城市整体的自主创新能力。"自主创新，方法先行"。北京有必要构建符合北京产业发展特色和城市发展战略目标的创新方法推广体系，并研究、宣传、推广、应用创新方法。

　　2007年温家宝总理做出"自主创新，方法先行"的重要批示后，大规模的创新方法推广工作已经在全国范围内展开。北京的创新方法推广工作，可以借鉴其他省市创新方法推广工作的经验教训，结合北京自身产业发展特点和未来经济布局，探索出一条更高效的创新方法推广模式和路径。

第一节　创新方法的起源

一　"创新"与"创新方法"

　　人们对"创新"概念的理解最早主要是从技术与经济相结合的角度探讨技术创新在经济发展过程中的作用，主要代表人物是现代创新理论的提出者美籍奥地利经济学家约瑟夫·熊彼特（J. A. Schumpeter）。他于1912年在其著作《经济发展理论》中首次提出

"技术创新"概念，并认为技术创新是资本主义经济增长的主要源泉，由此拉开了创新理论研究的序幕。

按照熊彼特的定义，创新就是建立一种新的生产函数，在经济活动中引入新的思想、方法以实现生产要素新的组合，就是要把一种从来没有过的关于生产要素和生产条件的"新组合"引进生产体系中，以实现对生产要素或生产条件"组合"的创新。创新一般包括五种情况：①采用一种新的产品，也就是消费者还不熟悉的产品或产品的一种新的特性；②采用一种新的生产方法，也就是在有关的制造部门中尚未通过经验检定的方法，这种新的方法不需要建立在科学新发现的基础之上，它甚至可以存在于商业上处理一种产品的新的方式之中；③开辟一个新的市场，也就是有关国家的某一制造部门以前不曾进入的市场，不管这个市场以前是否存在过；④掠取或控制原材料或半制成品的一种新的供应来源，也不管这种来源是已经存在的，还是第一次创造出来的；⑤实现任何一种工业的新的组织，比如造成一种垄断地位（例如通过"托拉斯化"）或打破一种垄断地位。后来人们将他这一段话归纳为五个创新，即产品创新、技术创新、市场创新、资源配置创新、组织创新。

熊彼特的创新理论主要有以下六个基本观点：第一，创新是生产过程中内生的；第二，创新是一种"革命性"变化；第三，创新同时意味着毁灭；第四，创新必须能够创造出新的价值；第五，创新是经济发展的本质规定；第六，创新的主体是"企业家"。

熊彼特特别强调，创新并不等于发明。一种发明只有应用于经济活动并成功时才能算是创新。创新者不是实验室的科学家，而是有胆识、敢于承担风险又有组织实干才能的企业家。熊彼特把创新视为不断地从内部革新经济结构，即不断破坏旧的结构、不断创造新的结构。创新总是先由个别人进行的，但创新活动所得到的利润鼓励其他人模仿，形成创新浪潮，这时整个社会生产率提高，社会就进步了。

熊彼特的理论影响了一大批国内外学者和专家，他们从不同角度提出了对技术创新的认识和理解。M. Mansfield 认为技术创新是一项发明的首次应用，C. Freeman 则认为技术创新是首次将科学发明或研究成果进行开发并最后通过销售而创造利润的过程。国内的研究家傅家骥认为，技术创新是企业家抓住市场信息的潜在赢利机会，以获取商业利润为目标，重新组织生产条件和要素，建立起效能更强、效率更高和费用更低的生产体系，从而推出新产品和新工艺、开辟新市场、获得新原料和建立新组织的过程。许庆瑞认为，技术创新泛指一种新的思想产生，直至得以利用并形成满足市场需要的产品的整个过程。广义而论，它不仅包括一项技术创新成果本身，而且包括成果的推广、应用、扩散过程。从以上内容可以看出，技术创新是一个较为宽泛的概念，对技术创新的认识各有不同：有的认为发明的首次应用就是技术创新；有的认为技术创新是一种经济活动，最终目的是为了获得经济利益；有的认为技术创新是一个过程，强调科学发明和研究成果的产生、应用和扩散[①]。尽管各位专家对创新概念的理解与阐述并不相同，但概念中所包含的核心内涵却是一致的。

技术创新活动是一种具有一定风险性的经济性活动，单纯依靠增加科研投入并不一定能够保证创新产出的提高。俄罗斯发明家根里奇·阿奇舒勒曾经说过："人类在试错法中损失的时间和精力远比在自然灾害中遭受的损失要惨重得多。"要提高创新的产出一定要遵循创新的规律，研究创新的方法，才能突破创新效率的瓶颈，增强创新的能力。

二 创新方法的起源

技术创新活动是有规律可循的，发掘、认识、把握这些规律和

---

① 刘国新、闫俊周：《国外主要技术创新方法述评》，《科学管理研究》2009 年第 4 期，第 30 ~ 34 页。

掌握技术创新的方法可以加快人们创造发明的进程，帮助企业提高技术创新的效率。这就是创新方法的本源。实践中最早的创新方法可追溯到公元 4 世纪的启发法。古希腊数学家帕普斯（Pappus of Alexandria）在公元 4 世纪首先提出该术语，亦称为探索法，是人们根据一定的经验，在问题空间内进行搜索，寻求解决问题的路径，从而快速解决目标问题的一种方法。启发法的内涵实质上是"单凭经验的方法"、有根据的推测、直觉的判断或者是常识启迪。

从工业革命时代至今，人们根据大量的创新实践，研究归纳出的创新技法有 1000 多种，其中被人们普遍认同和推广应用的创新技法有数十种，如智力激励法、联想法、形态分析法、检核表法、头脑风暴法等，这些是传统的创新技法。其中一些创新技法曾有过成功的辉煌历史，但总体来说，这些传统的创新技法是抽象的、随机的、方向不明确的，强调个人的"灵感"和"悟性"，普适性差，没有创新理论的指导，更没有知识库的支持，因此难以用这些技法去培育人的创新能力[1]。

三　创新方法的概念界定

关于什么是创新方法，目前还没有统一的认识。20 世纪 90 年代以来，随着技术创新概念的兴起，有人提出了"科技创新"的概念，旨在把用于经济社会的科学发现、技术发明、科技成果这三大问题统一起来（即技术创新）。因此，相应的也有了"科技创新方法"的概念。

创新方法是一个内容相当广泛的概念。目前学术界对创新方法的界定尚未达成共识，比较有代表性的观点有如下几种[2]。

第一种观点认为创新方法是一个中介方法。持这种观点的人

---

[1]　张武城：《技术创新方法概论》，科学出版社，2009。
[2]　肖云龙：《科技创新方法体系的新探索》，《发明与创新》2003 年第 8 期，第 12~13 页。

认为创新方法是处于科学技术和经济之间的一个中介方法。中介起一个桥梁作用，所以创新方法的本质就是如何将科学技术融入经济活动中，即科学技术成果的转化，这也是衡量科技创新成功与否的标准。

第二种观点认为创新方法是一种经济方法。持这种观点的人认为创新方法实质是企业获得经济利益所采取的经济方法的一部分，他们以技术成果转化形成的产品能否获得商业利润、能否增加社会净财富作为衡量科技创新成功与否的标准。

还有的学者认为创新方法是一个技术问题，也有学者将创新方法与科学技术哲学相联系，将创新方法上升到哲学的方法论层面。

显然，以上学术观点仅从某一角度出发来解释创新方法的含义，不够全面、概括和准确，对北京开展创新方法研究与推广工作的指导意义也不大。

本书采用科学界比较通行的说法，创新方法是科学思维创新、科学方法创新和科学工具创新的总称，科学思维创新是科学技术取得突破性、革命性进展的先决条件，科学方法创新是实现科学技术跨越式发展的重要基础，科学工具创新是开展科学研究和实现发明创造的必要手段。开展创新方法工作以科学思维创新、科学方法创新和科学工具创新为主要内容。

第二节　创新方法的发展历程

按照创新方法发展的时间顺序，可以将其分为三个阶段：古代研究阶段（公元 4 世纪～19 世纪）、近代研究阶段（20 世纪初～20 世纪 50 年代）、现代研究阶段（20 世纪 60 年代初至今）。

一　创新方法发展的古代研究阶段

创新方法发展的古代研究阶段是指公元 4 世纪～19 世纪，这一阶段的创新方法主要有启发法（探索法）、试错法等。该阶段以经验分析为主,内涵实质上是单凭经验的方法、有根据的推测、直觉的判断或者是常识启迪。

1. 启发法

启发法是根据一定的经验,在问题空间内进行较少的搜索,以达到解决问题的一种方法。

启发法是基于已有的经验,运用启发法进行创新的效率因人而异,也因待解决问题的难易程度而有所差别。启发法不能保证问题成功解决,但这种方法比较省力。随着启发法不断地发展,其应用范围逐渐扩大,在心理学、工程技术、计算机、哲学、法律等领域都有广泛的应用。

2. 试错法

试错法(Trail and Error,亦称为试探或试凑)是一种典型的启发法,即追求目标时通过不断试验和消除误差,探索具有黑箱性质的系统的方法。

这种方法在动物的行为中是不自觉地应用的,在人的行为中则是自觉的。试错法是纯粹经验的学习方法。应用试错法的主体通过间断或连续地改变黑箱系统的参量,试验黑箱所做出的应答,以寻求达到目标的途径。主体行为的成败是用它趋近目标的程度或达到中间目标的过程评价的。趋近目标的信息传达给主体,主体就会继续采取成功的行为方式;偏离目标的信息反馈给主体,主体就会避免采取失败的行为方式。通过这种不断尝试和不断评价,主体就能逐渐达到所要追求的目标。

试错法是纯粹经验的创新方法,依赖于个人的经验和知识领域,而且创新过程没有方向性,因此效率十分低下。

二 创新方法发展的近代研究阶段

创新方法发展的近代研究阶段是指 20 世纪初 ~ 20 世纪 50 年代,代表方法是头脑风暴法等。该阶段主要发挥集体智慧,即一群人围绕一个特定的兴趣领域产生新的观点。其内涵是让与会者敞开思想，使各种设想在相互碰撞中激起脑海的创造性风暴，从而群策群力实现既定问题的解决。

在近代，创新方法发展迅速，并得到了广泛的应用，以下主要列举几种常用的创新方法：头脑风暴法、德尔菲法、形态分析法、综摄法、"5W2H"法、奥斯本检核表法、戈登法、属性列举法。

1. 头脑风暴法

头脑风暴法（Brain Storm）是美国 BBDO 广告公司创始人亚历克斯·奥斯本（Alex Osborn）于 1938 年提出的，也称作奥斯本智力激励法。该名称最早是精神病学上的术语，指精神病患者精神错乱的状态，现在则是无限制的自由联想和讨论的代名词。头脑风暴法是一种通过召开智力激励会，从心理学上激励群体创新活动的最通用的方法。它通常采用专家小组会议的形式进行，与会者自由思考，畅所欲言，互相启发，从而引起思想共振，并产生组合效应，激发更多的创造性思维，获得创新的设想。

头脑风暴法可分为直接头脑风暴法和质疑头脑风暴法。前者是在专家群体决策的基础上尽可能激发创造性，产生尽可能多的设想的方法；后者则是对前者提出的设想、方案逐一质疑，最后选择具有现实可行性的方法。这是一种集体开发创造性思维的方法。

头脑风暴法是对试错法进行改进之后产生的，相对于试错法有了一定的改进。特点是旨在为人们营造一种宽松的环境，最大限度地激发人的创造力，使人们相互启发，提出大量的创新性设想，从而获得问题的解决方案。

尽管头脑风暴法易于操作，可利用直觉和发散思维，借助群体思想，通过增加参与人的数量可以获得高质量的解决方案，但这种方法也有一定的局限性：首先，由于其时间成本较高，并且其效果的好坏很大程度上依赖于会议召集者的引导，所以该法不太适合解决一般性的问题，主要适用于旨在探索创新性解决方案并且需要获得与此有关的大量设想的特殊问题；其次，有些创造性强的人喜欢沉思，但会议并不提供过多的沉思机会，表现力和控制力强的人会影响他人提出设想；最后，难以及时对众多设想进行评价和集中，这种不控制思维过程的缺陷常常使得问题的讨论陷入旋涡从而长时间无法得到解决，效率仍然不高。

2. 德尔菲法

为了解决头脑风暴法对于复杂问题的解决效果不理想这一矛盾，赫尔默（Helmer）和戈登（Gordon）于20世纪40年代创造了德尔菲法。德尔菲法是采用背对背的通信方式征询专家小组成员的预测意见，经过几轮征询，使专家小组的预测意见趋于集中，最后做出符合市场未来发展趋势的预测结论。

这种方法是依据系统的程序，采用匿名发表意见的方式，即团队成员之间不得互相讨论，不发生横向联系，只能与调查人员发生联系，通过制订征询调查表反复征询专家意见，集结问卷填写人的共识及搜集各方意见，最终得出趋于一致的结论，可用作构造团队沟通流程、应对复杂任务难题的管理技术。

德尔菲法是预测活动中的一项重要工具，在实际应用中通常可以分为三个类型：经典型德尔菲法（Classical Delph）、策略型德尔菲法（Policy Delph）和决策型德尔菲法（Decision Delph）。

德尔菲法是为了克服专家会议法的缺点而产生的一种专家预测方法。在预测过程中，专家彼此互不相识、互不往来，这就克服了在专家会议法中经常发生的专家们不能充分发表意见、权威人物的意见左右其他人的意见等弊病，各位专家能真正充分地发表自己的预测意见。

德尔菲法能充分发挥各位专家的作用，集思广益，准确性高，但是过程比较复杂，花费时间较长。

3. 形态分析法

形态分析法（Morphological Analysis，MA）是瑞士天文学家弗里茨·兹维基（Fritz Zwicky）于1942年提出的。形态分析法是一种系统化构思和程式化解题的方法，通过将对象各要素所对应的技术形态进行组合，从中寻求创新性设想来进行创新。

该方法是把研究对象或问题分为一些基本组成部分，然后对某一个基本组成部分单独进行处理，分别提供解决问题的各种办法或方案，最后形成解决整个问题的总方案。这时会有若干个总方案，所有的总方案中的每一个是否可行，必须采用形态学方法进行分析。

形态分析法的特点是对每一项"未来技术"（即形态模型中的一个总方案）的可行性进行分析，但是当组合个数过多，即总方案的个数太多时，可行性研究就比较困难。这种方法既可以用来探索新技术，也可以估计实现新技术的可能性，为探索未来描绘出一幅清晰的因果图景。

4. 综摄法

综摄法（Synectics Method）是由美国麻省理工学院教授威兼·戈登（W. J. Gordon）于 1944 年提出的一种利用外部事物启发思考、开发创造潜力的方法。综摄法又称类比思考法、类比创新法、提喻法、比拟法、分合法、举隅法、集思法、群辨法、强行结合法、科学创造法，是指以外部事物或已有的发明成果为媒介，并将它们分成若干要素，对其中的要素进行讨论研究，综合利用激发出来的灵感来发明新事物或发现解决问题的方法。

综摄法的特点是将整个思维过程分为两个阶段：第一阶段主要是依靠原来的知识来认识陌生事物；第二阶段是对原本熟悉的事物进行新的认识。在整个过程中，运用类比将表面上看起来不同而实际上有关联的事物综合起来。综摄法改进了头脑风暴法，将类比的方式引入其中，试图系统地从一个全新的角度看待问题，借此消除心理惯性，但并没有研究技术系统进化的规律。因此它的最大用处在于利用其他产品取长补短、设计新产品，以及制定营销策略等。

5. "5W2H" 法

"5W2H" 法亦称七何分析法，由第二次世界大战中美国陆军兵器修理部首创。"5W2H" 的含义是：Why、What、Where、When、Who、How、How much，人们利用这 7 个问题进行设问，探寻创新思路，构思设计，实现新的发明创造。在创新活动中使用"5W2H"法将问题的主要方面都列举出来，减少了思考问题时发生遗漏的现象。该方法通过提问克服原有产品或做法的缺点，完善其功能，扩大其效用。如果现行的做法或产品经过7个问题的审核已无懈可击，便可认为这一做法或产品可取；如果7个问题中有一个答复不能令人满意，则表示这一做法或产品有改进的余地；如果哪个问题的答复有独创的优点，则可以扩大做法或产品在这方面的效用。

"5W2H"法帮助人们从7个方面进行分析，其特点是首先帮助人们找出问题，再针对问题部署具体的实施步骤，并且将所要耗费的成本纳入考虑范围中。由于"5W2H"法简单、方便，易于理解、使用，富有启发意义，目前已广泛地应用于技术创新、企业管理、广告营销策划等领域，对于决策和执行性的活动措施也非常有帮助，可以大大弥补考虑问题的疏漏。

6. 奥斯本检核表法

所谓"检核表"是人们在考虑某一问题时，为了避免疏漏，把想到的重要内容扼要地记录下来制成的表格，以便以后对每项内容逐个进行检查。检核表根据需要解决的问题或者需要创造的对象列出。

最早的检核表法是奥斯本检核表法，其引导性思维源自奥斯本，所以以奥斯本的名字命名。奥斯本在其著作《发挥创造力》中介绍了很多激励思维的方法，美国麻省理工学院工程研究室从中选择75个并将其归纳为9个大问题，编制出《新创意检核用表》作为提示人们进行创新的工具，人们根据检核表上所列的条目逐一分析问题的各个方面。9个大问题是指有无其他用途、能否借用、能否改变、能否扩大、能否缩小、能否代用、能否重新调整、能否颠倒、能否组合。

奥斯本检核表法以表格的形式，帮助人们通过设问的方式从9个方面思考，让人们在创新过程中有一个可以依循的航标。从其问题的内容来看，都与具体的产品有关，有助于对已有产品改进和新产品开发，适用于产品的概念设计阶段。

奥斯本检核表法的优点很突出，它使思考问题的角度具体化。但它也有缺点，即它是改进型的创意产生方法，必须先选定一个有待改进的对象，然后在此基础上设法加以改进。

7. 戈登法

使用上述创新方法都要求明确提出主题并且尽可能地提出具体的课题，这就有可能限制参与者的自由联想的空间，为解决这一问题，美国人威兼·戈登在头脑风暴法的基础上于 1952 年提出了一种由会议主持人指导进行集体讲座的技术创新技法——戈登法（Gordon Method），亦译为"哥顿法"，又称教学式头脑风暴法或隐含法。

戈登法的特点是除主持人外，不让与会者知道真正的意图和目的，不让与会者直接讨论问题本身，而只让与会者讨论问题的某一局部或某一侧面，主持人把具体的问题抽象化后对与会者提出，引起与会者的广泛设想，主持人再对提出的构想加以分析研究，一步步地将与会者引导到问题本身上来。与头脑风暴法相比，戈登法通过"变陌生为熟悉"（运用熟悉的方法处理陌生的问题）和"变熟悉为陌生"（运用陌生的方法处理熟悉的问题）使大家走出思维定式，发挥群体智慧，达到技术创新的目的。实践经验表明，戈登法不仅简单易行，而且可以排除折中方案。由于戈登法对所讨论的问题进行客观、连续的分析能够找到一组切实可行的方案，该方法在军事决策、管理决策和技术开发中得到较为广泛的应用。

8. 属性列举法

属性列举法（Attribute Listing Technique）也称特性列举法、分布改变法，是美国尼布拉斯加大学的克劳福德（Robert Crawford）教授于 1954 年提出的一种著名的创意思维策略。属性列举法即把所研究的对象分解成细小的组成部分，各部分具有的功能、特征、属性、与整体的关系等尽量全部列举出来，并做详细记录。其核心是通过仔细观察、分析目标事物的属性，设法改变事物原有的某些特征或性质（如功能、形状、大小等），从所列项目中挖掘发明创造的主题，提出创造性设想。

属性列举法引导人们从事物的不同属性来思考问题，其特点是将一种产品的特点列举出来，制成表格，然后再把改善这些特点的事项列成表，把同解决技术问题有联系的众多要素逐个罗列，能够把复杂的事物分解开来加以研究，能保证对问题的所有方面做全面的分析研究。

属性列举法易于理解，操作简单，既适用于个人，也适用于群体进行创新活动。此外，由于该方法进行创新的时候是针对具体事物的属性进行分析，强调使用者在创造的过程中观察和分析事物或问题的特性或属性，然后针对每项特性提出改良或改变的构想，所以该方法适用于产品的概念设计阶段和老产品的升级改造阶段。

三 创新方法发展的现代研究阶段

创新方法发展的现代研究阶段是指从 20 世纪 60 年代初至今，其中使用最广泛的方法是 TRIZ 理论。在这一阶段通过利用计算机、网络和通信等现代高科技手段，已经形成了一套解决新技术、新产品开发实际问题的成熟的理论和方法体系。主要的创新方法有中山正和法、信息交合法、六顶思考帽法、公理化设计、TRIZ 理论、领先用户法、技术路线图、六西格玛管理法等。

1. 中山正和法

中山正和法是由中山正和（Nakayama Masakazu）教授于 1968 年提出的，简称 NM 法，是以巴甫洛夫的高级神经活动学说为基础的一种方法。该方法认为人的记忆力分为第一信号系统与第二信号系统。第一信号系统只能反射类似记忆的事物，中山正和称之为"点的记忆"；第二信号系统可用语言表达有条理的记忆，中山正和称之为"线的记忆"。这种方法的内涵是通过联想、类比等方法来收集平时积累的"点的记忆",再经过重新组合、类比引导,就可以把它们连接成"线的记忆",这样就会涌现大量新的创造性设想,产生新的发明。

在运用中山正和法解决问题的过程中,首先依据记忆的直觉来判断目标问题是否可以解决,如果可以解决则设立基于直觉的解决方案的假说;其次进行各式的调查,运用各种知识进行分析,找出假说和分析结果的矛盾,即问题之所在;最后针对分析结果确定解决问题的路径。假说通常要经过多次尝试才能得到认同。

中山正和法采用会议的形式进行,其解决问题的模式是首先分析问题,其次提炼矛盾,最后解决矛盾。该方法可以从杂乱的问题中找出事物之间显性和隐性的关联,理清思路,适合解决在创新活动中出现的看似模糊且牵涉面较广的问题。

2. 信息交合法

信息交合法是华夏研究院思维技能研究所所长许国泰副教授于1983 年首创的,亦称魔球法、要素标的发明法、信息反应场法。信息交合法是一种运用信息概念和灵活的手法进行多渠道、多层次的推测、想象和创新的创造性发明技法;是一种在信息交合中进行创新的思维技巧,即把物体的总体信息分解成若干个要素,然后把这种物体与人类各种实践活动相关的用途进行要素分解,把两种信息要素用坐标法连成信息标 X 轴与 Y 轴,两轴垂直相交,构成"信息反应场",每个轴上各点的信息可以依次与另一轴上的信息交合,从而产生新的信息。

信息交合法实质上就是利用物体的信息来构造其信息场,通过信息场寻求创新性的设想。在构造信息场的时候,将该物体所能实现的功能、物体的属性信息进行分解,分别投射到 2 个垂直相交的坐标轴上,通过将坐标轴中各个坐标点进行相互组合寻求创新方案。

应用信息交合法进行创造发明，就是把某些看来似乎是孤立、零散的信息，通过相似、接近、因果、对比等联想手段搭起微妙的桥，使之曲径通幽，将信息交合成一项新的概括。信息交合法有自己的特点，主要表现在：信息交合法不但能使人们的思维更富有发散性，应用范围更为广泛，而且能够帮助人们在发明创造活动中不断地提高理性－逻辑思维能力，同时在创造性思维、创造性教育中可作为教学、培养、培训方法，凸显其系统性、深刻性和实用性。

3. 六顶思考帽法

六顶思考帽法（Six Thinking Hats）是艾德华·德·波诺（Edward de Bono）于 1985 年提出的。六顶思考帽法为人们提供了白、绿、红、黑、黄、蓝 6 种颜色的帽子，将思考的过程分为与之相应的六个阶段。运用这种方法的时候，第一，戴上白色的中立帽子，在这个阶段人们从陈述问题的角度出发，将问题现有的信息尽可能详尽地列举出来，全面地描述问题事实；第二，戴上绿色的活力帽子，从积极的角度出发，充分发挥主观的创造性，尽可能多地提出解决问题的设想方案；第三，戴上黄色的正面帽子，从乐观的角度出发，将目标事物的优点列举出来；第四，戴上黑色的负面帽子，从批判的角度出发，将目标事物的缺点列举出来；第五，带上红色的评判帽子，从评价的角度出发，对所提出的设想进行评价和判断；第六，戴上蓝色的指挥帽子，从整体的角度出发，对所提出的设想进行筛选，择定最适宜的方案。

六顶思考帽法的实质是基于变换思维角色的方法，利用白、绿、红、黑、黄、蓝 6 种颜色代表不同的思维角色，帮助人们在分析问题的过程中通过变换思维角色进行创新。一方面，通过限定人们思考的角度，最大限度地减少个人因素影响；另一方面，引导人们从多个角度进行分析，使其思考的范围更全面。运用该法，人们在思考问题的时候，能有效地区分感性认识与理性认识，使得思维变得清晰，并针对目标问题进行全方位的剖析。

4. 公理化设计

公理化设计（Axiomatic Design，AD）是美国麻省理工学院的 Nam Pyo Suh 教授于 1990 年提出的。所谓公理化设计，就是指从尽可能少的原始概念和不加证明的原始命题（即公理、公设）出发，按照逻辑规则推导出其他命题，建立起一个演绎系统的方法。在公理化设计中，整个设计要求满足独立性公理和信息公理，并将设计过程划分在 4 个不同的域中进行，这 4 个域是相邻的，依次为用户域（Customer Domain）、功能域（Functional Domain）、物理域（Physical Domain）、过程域（Process Domain），在设计的过程中相邻域之间进行反复的迭代。

在设计时，以用户需求为出发点，从用户域到功能域再到物理域最后到过程域，进行曲折映射，得到 4 个域各自的层次结构树，从而得到清晰的设计框架和具体的参数、变量。

5. TRIZ 理论

TRIZ 理论是由苏联发明家根里奇·阿奇舒勒（Genrich S. Altshuller）提出的。从 1946 年开始，在阿齐舒勒的领导下，由苏联研究机构、大学、企业组成的 TRIZ 研究团体，分析了世界上近 250 万份高水平的发明专利，总结出各种技术发展进化遵循的规律模式，以及解决各种技术矛盾和物理矛盾的创新原理和法则，从而建立了一个由解决技术问题、实现创新开发的各种方法、算法组成并综合多学科领域的原理和法则所形成的一个综合理论体系。经过半个多世纪的发展、完善及与其他先进创新理论方法的集成，TRIZ 理论已经成为一套解决新技术、新产品开发实际问题的成熟的理论和方法体系。TRIZ 理论核心包括 9 个部分：八大技术系统进化路径、最终理想解（Ideal Final Result，IFR）、40 个发明原理、39 个通用工程参数和矛盾矩阵、物理矛盾和分离原理、物 - 场模型分析、标准解法、发明问题标准算法（ARIZ）、物理效应库。

TRIZ 理论体系作为一套系统化的理论框架，是一个来源于知识提炼和重组的理论，可以说是"基于知识的创新方法论"，其集成的思路为企业搭建起了创新管理平台。

与传统的创新方法相比，TRIZ 理论有以下优势：①总结出创新的规律性，使得创新过程效率提高；②有助于打破思维定式和知识领域界限；③能帮助预测产品的技术发展趋势；④具有良好的可推广性和普适性。

但 TRIZ 理论也有它的局限性，具体如下：①一定要借助计算机技术进行创新过程的实现；②一般用于产品设计的概念设计阶段，要将解决思路应用到实际中还有大量的后续工作需要完成；③在应用 TRIZ 理论结合 CIA 技术解决创新问题的过程中，从问题提出、系统分析、问题分解、创新原理的选用到最后生成问题解决方案，均依靠用户自身的主观分析和判断；④解决创新问题的关键是解决矛盾，TRIZ 理论提供的解决矛盾的方法一般针对的是相对独立的矛盾，对于复杂的矛盾体，TRIZ 理论并没有提供具体的解决方案，要解决这样的创新问题，也许还要涉及与其他创新设计方法的结合。

6. 领先用户法

美国麻省理工学院斯隆管理学院的冯·希普尔（Eric von Hippel）将领先用户从普通用户中分离出来，提出了领先用户的概念，强调了领先用户在早期创新过程中的作用，并使得企业能够通过领先用户法改善创新产品和服务的商品化工程。

领先用户法主要包含四个基本要素：领先用户的确认、信息的搜集、产品概念的开发与测试、组织的保证。领先用户法通常在一个创新项目的初始阶段使用，项目组在具体实施时，按四个阶段进行：第一阶段制订项目计划、重点和范围；第二阶段识别需求，弄清关键的趋势和顾客的需求；第三阶段产生初始概念，从领先用户那里获得需求及解决方案的信息；第四阶段会同领先用户发展新概念，产生产品创新方案。

领先用户法通过分析领先用户的需求和信息可以有效提高企业新产品开发效率，获取通常的市场研究分析方法难以得知的领先用户的隐性知识，可以加速企业完成创新产品的开发和商业化进程。

7. 技术路线图

技术路线图（Technology Roadmap）是基于产品和技术管理的技术创新方法之一，最早出现于美国汽车行业，20世纪70~80年代在摩托罗拉和康宁（Corning）公司应用。Charles H. Willyard和Cherry W. McClees（1987）所发表的 *Motorola's Technology Roadmap Process* 是该领域研究和应用的奠基之作。

技术路线图是一个过程工具，帮助识别行业、部门、公司未来成功所需的关键的技术，并获得执行和发展这些技术所需的项目或步骤。技术路线图能推动合作，加强知识共享和减少技术投资风险。实践证明，技术路线图的应用带来巨大好处。美国国家技术和标准协会主任 Ray Kammer 认为技术路线图帮助引导投资和配置资源，使之和美国行业优先顺序相一致。另外，技术路线图是帮助美国增加国际市场份额的非常有价值的工具。

技术路线图可以分为三个层面，即国家层面、行业层面和公司层面（有时是相互合作的）。国家层面：展示技术发展大趋势，由政府机构制定；行业层面：展示行业技术发展趋势，由行业协会或者多客户的咨询公司制定；公司层面：主要涉及特定的技术和新产品，常常由公司制定。

技术路线图与已往规划和分析工具方法的理念是不同的。第一，它以"市场拉动"为动因，技术创新需满足企业进入未来市场的需求。技术路线图不是以"技术推动"为动因的，不是关于现存技术功能和作为的简单描述。第二，技术路线图是基于公司或产业的愿景视野，以及到达目的地需要什么样的技术。第三，技术路线图提供了一个到达愿景目标的路径，从今天指向明天，可以帮助公司或研发机构识别、选择和开发正确的技术，使之在未来的市场中推出恰当的产品。

8. 六西格玛管理法

六西格玛管理法（6 Sigma）起源于美国摩托罗拉公司，是在

20 世纪 90 年代中期开始从一种全面质量管理方法演变成一个高度有效的企业流程设计、改善和优化技术，并提供了一系列同等地适用于设计、生产和服务的新产品开发工具。

σ 是希腊文的字母，是用来衡量一个总数的标准误差的统计单位。一般企业的瑕疵率大约是 3 ~ 4 个西格玛。如果企业不断追求品质改进，达到 6 个西格玛的程度，绩效就近于完美地达成顾客要求。

六西格玛管理法是以顾客为主体来确定企业战略目标和产品开发设计的标尺，是追求持续进步的一种质量管理哲学。六西格玛管理法是获得和保持企业在经营上的成功并将其经营业绩最大化的综合管理体系和发展战略，是使企业获得快速增长的经营方式。

六西格玛管理法把顾客放在第一位，根据资料和经营事实，以流程为主实施主动管理，力求协同合作无界限。六西格玛追求完美但同时容忍失败。实施六西格玛管理能够提升企业管理的能力，节约企业运营成本，增加顾客价值，改进服务水平，形成积极向上的企业文化。

从古代研究阶段到近代研究阶段再到现代研究阶段，技术创新方法的发展经历了由简单到复杂、由单一到系统、由完全依赖人工思维到借助计算机辅助创新的不断发展和完善的过程。

第三节　创新方法应用的新趋势

一　当前创新方法的应用特点

随着在应用创新方法方面积累的经验日益丰富，许多企业发现，不同的创新方法可以解决企业创新链不同环节的问题。因此，国内外许多企业将一些创新方法综合起来使用，在企业内建立相对完善的、面向整个创新链的创新方法应用体系，取得了良好的应用效果。虽然国内外企业对于创新方法的选择与使用千差万别，但国内外企业常用的创新方法本身存在着许多类似的特点①。

（1）这些创新方法和工具能够为企业带来实实在在的经济效益。例如，据有关资料介绍，应用 TRIZ 这种先进的创新方法，可以增加 80% 的专利数量，提高 60% ～70% 的新产品开发效率，缩短 50% 的产品上市时间。

（2）这些创新方法和工具均具有很宽泛的应用领域，可以应用于多个产业或行业。如质量功能展开（Quality Function Deployment，QFD）自产生到现在的几十年里，其应用已涉及汽车、家用电器、服装、集成电路、合成橡胶、建筑设备、农业机械、船舶、自动购货系统和教育等多个领域。TRIZ 不仅仅适用于技术领域，现在已逐步向自然科学、社会科学、管理科学、生物科学等领域发展。稳健设计方法在日本电子、化工、钢铁、纺织、汽车等工业部门均取得了成功，随后被引入美国的电视机、汽车、计算机等多个行业。约束理论（Theory of Constraints，TOC）已应用的产业领域包括航天工业、汽车制造、半导体、钢铁、纺织、电子、机械五金、食品等，TOC 也可应用于学校医院、财团法人和政府机构等。

（3）许多方法均拥有成熟的或商业化的应用平台，如系统的软件平台。拥有这些应用平台，企业可以更加迅速和方便地掌握创新方法的应用，从而减少在企业内推广应用创新方法的某些制度或人员能力上的障碍，在较短的周期内使创新方法发挥实际作用。

（4）基于 TRIZ 的系统创新方法日益受到重视。越来越多的实践经验表明，TRIZ 这一系统创新的方法所拥有的强大功能正日益受到国内外企业的重视，并成为许多企业创新方法和工具体系中十分关键的组成部分。另外，随着一些基于 TRIZ 的应用平台及相应的培训体系的不断完善，学习、掌握和应用 TRIZ 更加便捷，也进一步加快了 TRIZ 方法的推广应用。

---

① 徐峰：《国外企业应用创新方法的经验与启示》，《中国科技论坛》2009 年第 8 期，第 140～144 页。

二　创新方法应用的新趋势①

从国外应用各种创新方法和工具的经验看，无论是由企业自身总结形成的创新方法和工具，还是源自学术界、理论界的一些新的创新方法研究成果，国外许多企业在推广和应用的过程中均在不断地结合企业自身的特点对创新方法和工具进行完善或二次开发，使得许多创新方法和工具更具实践应用的价值。

（1）将自身创新经验总结成系统的方法并推广应用。摩托罗拉公司及其首创的六西格玛方法是最典型的代表。1987年，摩托罗拉提出了一种质量管理新方法，即六西格玛方法，并在公司范围内推广应用，使摩托罗拉公司在1988年成为第一家荣获美国鲍得里奇国家质量大奖的公司。之后，摩托罗拉公司不仅成功应用了六西格玛方法，而且还不断地引进新的管理理念和工具应用于创新的实践，使六西格玛方法更具有时效性和实践性，并在全球电子、电信行业比较低迷的2002年再度获得美国鲍得里奇国家质量大奖。

（2）根据实践进一步完善创新方法。国外许多企业在应用创新方法的过程中，不仅注重对新引入方法的学习、培训和应用，还会根据自身应用的经验进一步对一些创新方法进行改进和完善，从而形成了自身独特的创新方法体系，同时还在客观上推动了创新理论、方法和工具研究的发展。

（3）在企业高层的支持下系统地推进创新方法的应用。国外企业的众多经验表明，企业应用创新方法的成败往往取决于企业高层推动的决心和力度，尤其对于一些需要对企业原有流程进行变革的方法来说，更需要高层领导者始终如一的执着的坚持。

（4）创新方法的成功应用离不开系统的培训。创新方法能够在企业中成功应用，除了方法本身的适用性之外，其关键还在于能够

① 徐峰：《国外企业应用创新方法的经验与启示》，《中国科技论坛》2009年第8期，第140~144页。

拥有有效应用创新方法和工具的人员。因此，国外企业在推行创新方法和工具的应用时，均十分注重系统的培训。而且，随着企业不断积累应用经验，系统的培训被有效地融入方法体系之中，从而形成了一些有特色的方法培训体系和工具。如三星公司在其 TRIZ 实施方案中，将 TRIZ 的教育培训和问题解决项目一起列为两个并行的重要活动。通过这种培训，三星公司自身培养了数十名 TRIZ 专家。

（5）注重引入第三方力量参与创新方法的学习和应用。如一些公司在开始推行新创新方法的时候，往往会把初期的培训工作完全委托给相关的咨询机构，并在咨询机构的帮助下逐步建立起企业内部的培训体系。这种借助外力的方式对企业迅速学习和掌握创新方法起到了十分重要的作用。另外，像 TRIZ 之类的相对复杂、需要较强专业知识背景的系统性创新方法，将相关的创新方法专家引进企业中也是许多国外企业经常采用的做法。如成功应用 TRIZ 方法的三星公司在引进和推广应用 TRIZ 方法的过程中，曾先后引进了十余名来自俄罗斯等地的 TRIZ 专家，并通过讲座、参与项目和培训等方式将这些专家纳入三星的 TRIZ 应用体系中。这些专家的引进在三星公司应用 TRIZ 方法取得巨大成功的过程中发挥了不可替代的作用。

（6）综合利用多种创新方法或工具。随着企业在应用创新方法方面积累的经验日益丰富，许多企业发现不同的创新方法可以解决企业创新链不同环节的问题，因此国外许多企业尝试将一些创新方法综合起来使用，在企业内建立相对完善的、面向整个创新链的创新方法应用体系，并取得了良好的应用效果。如目前在世界处于高速发展阶段的六西格玛法与 TRIZ 方法相结合的创新六西格玛法便是综合利用创新方法的最好案例。美国的摩托罗拉公司、通用电气、霍尼韦尔和陶氏化学，日本的日立制作所、松下电器产业集团、三菱综合研究所和三洋电机，韩国的三星和 LG，印度的 PATNI 等公司均将 TRIZ 有机地纳入其产品质量设计的各个阶段，与六西格玛设计（Design for Six Sigma, DFSS）、质量功能展开（Quality Function Deployment, QFD）和试验设计（Design of Experiment,

DOE）等方法综合使用，取得了良好的成效。

第四节 创新方法理论体系

创新的实践孕育创新的方法，而创新的方法又是创新的钥匙和有效工具。任何创新活动都离不开一定的方法。换句话说，只有掌握并适当地运用创新方法，才可能获得迅捷、有效的创新成果。

对创新方法进行分类有助于人们更好地认识和掌握创新方法。然而，面对种类繁多的创新方法，要进行分类是一件比较困难的事情，因为多数创新方法都是研究者根据自己的实践经验和研究方法总结出来的，各种创新方法之间不存在科学的逻辑关系，没有一个公认的标准，难以形成统一、科学的体系。各种创新方法之间还存在彼此重复、交叉、界限模糊的情况。因此，社会各界人士为探索各种不同的创新方法分类付出了大量努力，不同的学者从不同的视角尝试对创新方法进行梳理并建立了理论体系，下面分别予以介绍。

（1）席升阳、韩德超、韩信传（2010）[①] 按照思维特征和操作特征将主要创新方法的研究和应用进行归纳和总结，将其归纳为三大理论体系。①智力激励型创新方法理论体系，是一种集体操作型的创新方法，其特点是召开特殊的专题会议，通过贯彻若干原则和规定来造成与会成员之间的智力互激和思维共振，以获取量大、面广、质高的新设想。主要包括头脑风暴法、德尔菲法等创新方法。②设问型创新方法理论体系，是通过有序地提出一系列问题，启发人们逐渐进行思考，引发人们全面、系统地考虑解决问题的可能性，使之有目的地扩散人的思维、产生新的设想和创意的创新技法。常用的设问方法有奥斯本检核表法、"5W2H"法、信息交合法等。

---

① 席升阳、韩德超、韩信传：《国内外主要创新方法研究及应用评述》，《创新科技》2010 年第 8 期，第 14～16 页。

③推理型创新方法理论体系，是在创造发明过程中，依赖逻辑推理来揭示事物的相互关系，同时又借助创新思维把逻辑推理的结果应用到新的领域的创新方法。TRIZ理论创新法是其中典型的创新方法。

（2）张武城（2009）在《技术创新方法概论》一书中提到，许多创造学者认为，多数创新技法目前在理论上尚处于"初生期"，还远远没有达到纯粹科学的水平，张武城称其为传统创新技法，并将传统创新技法按照思维的主要形式分为两类：一类是以逻辑思维形式为主的技法，如演绎法、归纳法、类比法；另一类是以非逻辑思维形式为主的技法，如智力激励法、联想法、形象思维法、缺点列举法等（见图2-1）。

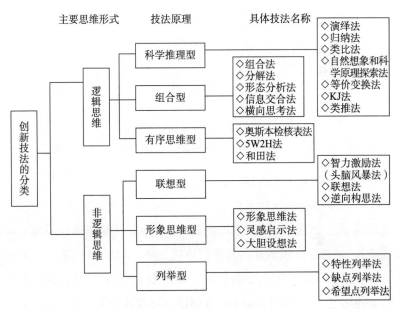

图2-1 传统创新技法分类

资料来源：参见张武城《技术创新方法概论》，科学出版社，2009，第76页。

同时，按照产品技术创新的三个阶段，即制造前端（具体由战略、计划和概念设计三个分阶段组成）、生产制造和制造后端，具体有14个过程，对技术创新方法和工具进行梳理，构建了技术创新方法和工具体系模型（见图2-2）。

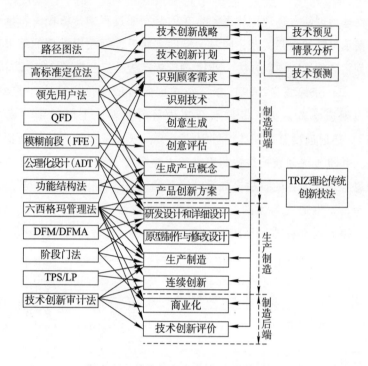

图 2 - 2 技术创新方法和工具体系模型

资料来源：参见张武城《技术创新方法概论》，科学出版社，2009，第 127 页。

（3）刘国新、闫俊周（2009）[①] 将技术创新方法归纳为以下五类：①基于创造学的技术创新方法，主要有头脑风暴法、戈登法、德尔菲法、启发式重新定义方法（Heuristic Redefinition Process, HRP）、最佳技术求解法、奥斯本检核表法、"5W2H"法、信息交合法、逆向构思法等；②基于用户需求的技术创新方法，主要有客户心声法（Voice of Customer, VOC）、开放式创新（Open Innovation）、领先用户法、质量功能展开（Quality Function Deployment, QFD）等；③基于新产品开发的技术创新方法，主要有阶段评审流程（Phased Review Process, PRP）、门径管理系统（Stage - Gate

---

[①] 刘国新、闫俊周：《国外主要技术创新方法述评》，《科学管理研究》2009 年第 4 期，第 30 ~ 34 页。

System，SGS）、产品价值管理（Product Value Management，PVM）、新概念开发模型（New Concept Development，NCP）等；④基于产品和技术管理的技术创新方法，主要有高标准定位法（Bench-marking）、技术路线图、产品及周期优化法（Product and Cycle - time Excellence，PACE）、集成产品开发（Integrated Product Development，IPD）、产品数据管理（Product Data Management，PDM）等；⑤基于创新规律的技术创新方法，主要有公理化设计理论（Axiomatic Design Theory，ADT）、TRIZ 理论等。

（4）肖云龙（2003）[①] 的科技创新方法与应用研究课题组认为，面向 21 世纪的科技创新方法体系应当是一种多元结构，是技术性方法、经济性方法与管理性方法的综合。基于这种认识，该课题组构建了如图 2 - 3 所示的科技创新方法金字塔。金字塔模式的底面是基于创造学视角的科技创造方法，其他三面分别是基于经济学视角的科技创新方法、基于信息化视角的科技创新方法和基于生态位视角的科技创新方法。

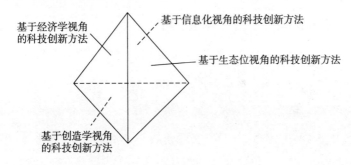

图 2 - 3　科技创新方法金字塔

资料来源：参见肖云龙《科技创新方法体系的新探索》，《发明与创新》2003 年第 8 期，第 13 页。

创新方法理论体系不是一种形而上学的固化体系，不是一成不

---

① 肖云龙：《科技创新方法体系的新探索》，《发明与创新》2003 年第 8 期，第 12～13 页。

变的。创新方法理论体系是人们开拓思路的诱发和引导。它是成功的基本功，让人们更清楚资源如何配置、路径如何选择，但其只是必要不充分条件，解决问题的好与坏还要参考具体情况。创新方法作为一种经验总结，并不是凭空产生的。创新方法体系是根据需要不断发展、更新、完善的方法体系，随着新的知识、新的领域的产生，创新方法体系的构架也会发生变化。

如何运用上述创新方法不断推动我国自主创新能力的提升，不仅关系到创新理论的提升与发展，还关系到如何使创新方法成果应用到实际研发或生产过程中。这依赖创新的主体——企业对创新方法的掌握和制度对其创新活动的激励，依赖政府、企业和学界的共同参与和努力，依赖社会各界的关注与支持，这也就构成创新体系建设的根本之义。

第三章 国内外高校创新方法研发与推广现状

　　无论是发达国家还是发展中国家，想要在这个日益开放和融合的国际大环境下取得优势，首先必须获得人才优势。于是高校作为培养人才的摇篮，被寄予了厚望。高校作为国家创新体系的主要组成部分，是培养创新意识和培养技术创新的重要力量，高校必须着力提高学生的创新精神和实践能力，实施创新教育，培养符合时代需求的创新型人才。

　　本章首先研究了国外发达国家，如美国、日本、俄罗斯、英国等国家高校创新人才培养模式和高校创新教育改革现状；其次分析了国内，重点是四个"技术创新方法试点省"高校的创新方法研发与推广现状；最后在此基础上总结了国内外的成功经验，以期望对北京高校创新方法普及应用提供宝贵经验和重要借鉴。

第一节　国外高校创新方法研发与推广现状

　　国外高校创新人才的培养和创新方法的研发与推广具有很多特色做法和成功案例，学习和借鉴国外高校的经验将有助于北京高校创新方法的研发与推广，并进一步培养出具有创新意识和创新实践能力的人才。

一 美国高校创新方法研发与推广现状

美国建立了世界上最发达的高等教育体系。《新闻周刊》每年对世界各高校的排名中，美国高校占到百强高校总数的一半，而在前 10 名中就有 8 所高校是美国的。这不仅仅归因于美国高校雄厚的科研力量，还有赖于美国高校创新体系的多元化和多样化的特点①。美国高校创新方法研发与推广是我们重要的学习对象，将给我国在高校推广创新方法以启示。

美国高校的成功之处，不仅来自政府及社会层次的关注和引导，还有美国高校不断开拓发展、不断完善自身的体制，学生注重自我发展、自我创新意识的培养也是其中的一个重要原因。多方力量共同促成美国高校成为举世瞩目的高等学府。下面对美国高校创新方法研发与推广进行分析，主要从三个层面对其进行剖析，分别是政府层面、高校自身层面和学生自我层面。

（一） 政府层面对美国高校的关注

美国政府把高校列为科技创新的主要力量，因此高校成为国家创新系统的重要一环，政府对高校给予了极大的关注。美国政府对高校的支持主要是通过政策引导、组织协调和财政资助等方式实现的②。美国政府为高校创新营造了良好的宏观环境，引导、鼓励和促进高校进行创新。

1. 政策引导

美国政府对创新教育非常重视，主流创新思想和理念已经完全融入高等教育的政策和法规中，这对高校的创新教育起到了很好的引导作用。在管理层面上，政府鼓励实行灵活开放的教育制度，为实施创新教育提供了坚实的基础。开放的教育制度营造了激烈的教

---

① 张明龙：《美国高校科技创新活动管窥》，《黑龙江史志》2009 年第 18 期，第 145～155 页。

② 曹伟、朱建业、王树恩：《美国大学参与技术创新的历史过程及其启示》，《科技导报》1998 年第 1 期，第 25～32 页。

育竞争环境，迫使高校不断探索创新教育模式，培养和输送大量的创造性人才，以适应市场的需要。在政府的引导下，创新教育迅速在美国高校普及，各高校专门开设了开发创造力的理论课程和实践课程。1916 年，教育学家杜威探讨了"科学的实验方法"的教育意义，提出学校培养创造性人才学说。1945 年，美国哈佛大学发表了哈佛"红皮书"：《自由社会中的一般教育》，提出了对学生实行专门教育的原则，注重学生创新能力的培养和训练①。1973 年，美国国家科学基金会先后资助麻省理工学院等四所高校各建立一个"创新中心"，开始进行创新教育实验②。

此外，被誉为"教育总统"的布什在任期内签署了《国家教育目标报告》《美国 2000 年教育规划》，明确提出迈向 21 世纪的全国六大教育目标。克林顿提出了《克林顿总统的教育计划》，告知人们当前应当正视的主要问题之一，就是如何才能使美国再次成为把教育放在首位的国家。2009 年，美国总统奥巴马发起了一项名为"创新教育"的行动，旨在提升全美学生在科学、技术、工程和数学方面的参与度和表现力，这项行动不但涉及联邦政府，也涉及众多大公司、基金会、非营利组织和科学技术学会③。

美国还利用科学的高等教育评估方法引导高等教育走创新之路。美国在对高等教育的评估之中，创新是必要指标，这对高等教育领域的创新教育机制有积极的导向和促进作用。在对人才价值的评估中，把创新意识和创新能力作为衡量人才价值的重要指标，更是为高校培养创新人才指明了方向，同时也为强化个人创新意识提供了可能。例如美国教育部就出台了很多支持教育创新的方案，如

① 王定华：《走进美国教育》，人民教育出版社，2006，第 122～123 页。
② 刘宝存：《美国大学的创新人才培养与本科生科研》，《外国教育研究》2005 年第 12 期，第 23～24 页。
③ 杨六栓：《美国高校创新人才培养的实践及启示》，《河南社会科学》2010 年第 5 期，第 6～7 页。

"杰维茨天赋学生教育项目（Javits Gifted and Talented Students Education Program）"。该项目提供教育创新奖，每年定期评选并颁发"国家年度教师奖（Annual National Teacher Award）"，奖励致力于教育创新和教育成绩突出者①。基于这样一个宏观大背景，美国高校普遍注重创新，创新理念在各个高校根深蒂固。

2. 组织协调

高校、政府和企业三者之间的关系也是美国政府高度关注的问题之一，美国政府通过设立机构、召集会议等方式组织协调三者之间的关系。早在1950年，美国就建立了国家科学基金会，它的基本职能就是进行组织协调，负责评估各个高校与联邦政府、地方经济之间的关系，使联邦政府能及时了解高校的需求并调整政策，提高高校开展创新活动并参与地方经济建设的积极性。同时联邦政府、州政府和地方政府也尽可能地为高校的创新成果提供转让的便利条件。高校、政府和企业之间的关系见图3-1。

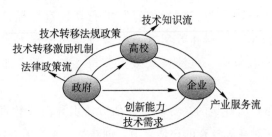

图 3 -1　高校、政府和企业三方之间的创新平台

资料来源：参见姚小玲、陈萌《美国高校区域创新能力研究》，《北京航空航天大学学报》（社会科学版）2010年第3期，第106～108页。

美国高校创新体系以高校的新技术、新知识作为发明创造的起点，以政府颁布的技术转移法规政策为保障，以新技术在企业的成功商业化运作为目标，在同时完成了高校技术知识流、政府法律政策流和企业产品服务流自身循环的基础上，最终实现了技术在三者

---

① 乔凤合：《创新教育在美国》，《中国高等教育》2005年第6期，第77页。

之间的升华①。如 1983 年成立的华盛顿技术中心，其宗旨就是建立企业与高校良好的合作关系，为科研成果的商业化提供帮助②。

3. 财政支持

在美国，高校的科研经费大多来源于联邦政府和州政府基金。美国政府除了给予各个高校直接经费资助外，还运用财政、信贷等政策手段鼓励私人和其他机构对高校科研活动进行投资。此外，各种私人基金提供给学生贷款，给重点大学或某些科研科目提供资金保证，成为高校基金的重要组成部分。美国国家科学基金会把资助重点放在高校基础性建设上，加大对基础研究的投入，同时在分配研究与发展经费时，联邦政府实行以竞争为基础的市场方式，注重选优原则，促进了高校创新水平的提高③。

（二）高校自身层面对创新意识的培养

在当今知识经济时代，信息技术迅猛发展，大学生创新意识的培养不仅仅在政府层面成为关注的焦点，同时美国各个高校按照时代的要求，顺应发展的趋势，大力培养学生创新意识。美国高校把创新纳入高校建设的目标之中，同时自身也在不断强化创新，建立能够培养学生创新意识的体制。美国高校在自身层面加强创新主要表现在改革课程设置、采取自由的学分制、重视学生的实践活动和积极引导学生参与科研活动。

1. 美国高校改革课程促进创新之路

选修课的出现始于 1824 年弗吉尼亚大学的创建时期，杰斐逊改变了传统的固定课程模式，允许学生在八门指定课程中选修，从此揭开了美国高校选修制的历史④。1869 年，哈佛大学校长埃利奥

---

① 姚小玲、陈萌：《美国高校区域创新能力研究》，《北京航空航天大学学报》（社会科学版）2010 年第 3 期，第 106～108 页。
② 张凤莲、杨宏业：《美国政府对大学与工业界的合作研究的影响》，《外国教育动态》1991 年第 3 期，第 16～22 页。
③ 郭爱芳、周建中：《美国发挥高校在技术创新中的作用的做法及其借鉴意义》，《科技进步与对策》2004 年第 4 期，第 23 页。
④ 贺国庆：《外国高等教育史》，人民教育出版社，2003，第 180～187 页。

特针对大学过于恪守古典课程体系对人才培养不利的问题，推行了选修制。他认为选修制可以为学生发挥自己的自修与自治提供广阔的空间。埃利奥特经过 40 年的努力终于使选修制在哈佛大学扎下了根。选修制给美国高校人才培养带来了新的面貌。选修制丰富了美国培养人才的目标，不断培养出为社会发展所急需的各类人才，诸如律师、医生、工程师和经济学家等。同时教师也不再仅仅作为知识的传授者，而成为知识的探索者，大学成为创造新知识的中心，学生成为教学组织中的主体，促进了学生学习的积极性，使他们能够主动地学习自己感兴趣的课程①。选修制基于对学生兴趣的考虑，能够根据他们自身的特点和自身的兴趣所在因材施教，能够有效地调动他们的积极性，使他们能够根据自身的特长为社会做出应有的贡献。

选修制的成功之处在于根据学生自身的特点因材施教，但是选修制的弊端也很快显现出来。首先，刚刚入学的学生不能清晰地分析自身的特点，没有很好驾驭知识结构的能力，也没有足够的资质去鉴别学习的相对价值以及自己未来的职业规划。其次，选修制容易使学生抛弃一些必须做出努力的学习课程，而仅仅选择一些简单的课程，极易造成急功近利的学术歪风。最后，过早专业化使得基础学科学习不够扎实。这些问题的凸显使得选修制遭受质疑。1909年，哈佛大学新校长洛厄尔采取了新的措施来限制学生的选修自由——集中与分配制，相当于今天的主修课、选修课制。该规定要求美国学生在就读期间必须完成 16 门课程的学习，其中 6 门课程属于主修，必须"集中"在某一学科领域或专业领域中，而其他 10门课程分配到自然科学、社会科学和人文科学三个领域中。此种方法力图使学生具有相对专业的方向同时又有广阔的学科基础，从而克服学生选课中的盲目性和"无重心"，同时又兼顾学生个体的兴趣。"核心课程"的出现为创新奠定了学科基础。

---

① 郭健：《哈佛大学发展史研究》，河北教育出版社，2000，第 201～202 页。

1975 年，哈佛大学文理学院院长卢索沃斯基就完善"核心课程"教学管理制度的构建发表了《致本科教育师资的一封信》，提出在哈佛大学文理学院实施"核心课程"，建设一套完整的本科核心课程体系。其中涉及历史、文学与艺术、外国文学、道德科学和社会分析等 6 个学科领域的一百多门课程①。核心课程的推出以及相互配合的选修课程构成哈佛大学教育的坚实根基，随后被世界各个高校竞相效仿。这种教育模式在让学生广泛选择的同时，又令学生拥有一套完善的核心知识基础与能力结构，大大增加了创新能力的培养。

2. 美国高校采取自由学分制制度

美国高校最早采用了学分制，每修完一门课程就可以获得相应的学分，修完规定的学分就可以毕业。在完成核心课程的基础上，学生可以根据自己的兴趣爱好选择选修课程。必修和选修课程学分共同构成了规定的学分，这个学分根据不同的专业有所不同，一般在 120~140 个学分不等。美国高校的课程体系比较灵活，除了基础课程和专业基础课程保持稳定外，老师可以根据最新的科研成果或者市场需求开设选修课程②。这样有利于学生掌握最新的科研成果，学习到最新颖的、最前沿的专业知识。而且美国高校的修业期也没有一定的限制，学生既可以在三四年内完成规定的学分而获得学位资格，也可以在十年内修完课程。

美国高校的课堂教学灵活多样，课堂气氛轻松活跃，师生之间的情感和信息得到充分交流。老师在课堂上采用不同的教学方法，如讲授、实验、角色扮演、讨论、模拟法庭、案例分析、独立学习等来调动学生的积极性，鼓励学生主动参与教学过程，大大拓展学生的思考空间，提高学生独立思考的能力和勇于探索的意识。同时

---

① 李雪飞：《美国大学创新人才培养与课程改革之路》，《全球教育展望》2006 年第 11 期，第 55 页。

② 罗海涛：《美国高校教学特点分析》，《教育与现代化》2004 年第 3 期，第 76~77 页。

老师常常鼓励学生提出不同的观点或者想法，使学生勇于在课堂上发表与众不同的观点。美国高校提倡学生独立思考和大胆批判，维护学生的好奇心和求知欲，激发学生的创新欲望，使他们敢于标新立异。

3. 重视学生实践性活动

美国高校为了培养学生独立解决问题的能力，普遍加大了实践性教学环节在课程体系中的比重，鼓励学生参加大量的实践活动[①]。当学生掌握一定的专业知识后，高校就安排他们到有关的企事业单位实习，让学生把学到的理论知识运用到实践中去，提高他们的观察能力和动手操作的实践能力，积累有关的工作经验。学习与实践相结合可以很好地激发学生的创造欲望并鼓励他们将此付诸行动，这为加强学生的创新能力提供了实践基础。

4. 引导学生积极主动参与科研活动

为了更好地培养高素质创新人才，美国许多高校都采取措施鼓励和引导学生积极地参与科研活动，使他们尽早地了解科研工作的规律、掌握科学研究的方法[②]。如斯坦福大学校长卡斯帕尔就强调，培养创新人才的重要措施是创造各种机会让学生积极主动地参与科研和学术活动。教师应该把学科最前沿的研究成果交给学生，而学生的好奇心又不断推动科学研究的进一步发展。伯克利大学把科研当作本科教育的一项重要内容，还成立了"本科生科研研究办公室"，主要负责组织本科生的科研活动，并给本科生提供各种合适的科研机会。麻省理工学院的学生可以报名参加"UROP（Undergraduate Research Opportunities Program）计划"。学生取得研究成果后可以向基金会申请研究经费，也可以公开发表论文、申请

---

① 艾战胜、涂争鸣：《对高校创新人才培养机制的思考》，《江西财经大学学报》2006 年第 1 期，第 116～118 页。

② 欧阳文峰：《浅析教学环节对大学生创造力的培养——以美国高校培养模式为例》，《焦作工学院学报》2001 年第 4 期，第 128～131 页。

专利，学校为学生提供一定的学分报酬。很多高校都注重学生实践能力的培养，有目的、有计划地对学生进行系统的科研训练，使他们尽早熟悉科学研究的程序和方法，不断提高创新能力①。

（三）学生自我层面对创新意识的培养

学生作为高校的主体，作为创新意识的主要承载者，也在不断加强自身创新意识的培养。学生根据自身的兴趣爱好来选择自己喜欢的课程，按照自己独有的模式来塑造自己，而不必跟风或模仿，在学业上享有很大的自主权和主动权。学生们还积极参加各种社团活动，在社团活动中激发创新精神，强化实践能力。在斯坦福大学，由学生自己建立的社团就有595个，其中包括60个学术社团、63个体育社团、75个服务社团、72个艺术创作社团、102个民族文化社团、19个健康卫生社团、26个媒体出版社团、5个哲学社团、44个政治社团、59个专业预科社团、10个娱乐消遣社团、38个宗教社团和22个社交社团②。学校鼓励学生参加现有的社团，但如果学生感到现有的社团不能满足自己的需要，也可以与学校有关方面联系，申请建立一个新的社团。这些社团全部由学生自己建立，在需要的时候由学校提供帮助。社团极大地增强了学生的自我管理意识。

创业已经成为美国大学校园文化的一个重要元素，学生在老师的指点下自己设立和实施项目，提高自己的创新能力。如世界闻名的微软、雅虎、谷歌等最初都是由在校大学生创办的公司。据估计，在硅谷60%～70%的企业是斯坦福大学的学生和教师创办的。在1988～1996年硅谷收入中，至少有一半是由斯坦福大学师生创造的。这都是学生自我管理、自我创新的表现③。

---

① 郭毅夫、匡令芝：《美国高校培养创新人才的经验及启示》，《世界教育信息》2007年第4期，第134～136页。

② 蔡克勇：《以学生全面发展为本》，《高等教育研究》2000年第5期，第22页。

③ 张晓鹏：《美国大学创新人才培养模式探析》，《中国大学教学》2006年第3期，第65页。

美国高校的成功之处在于其对创新人才的培养模式，这对我国创新研发在高校的推广具有很强的借鉴意义。

二 日本高校创新方法研发与推广现状

自古以来，日本就是一个善于模仿的国家，取他国之长并加以改进，用来建立和振兴本国产业。第二次世界大战后，日本的高等教育积极向美国看齐，日本人热心学习，善于吸收外来精华，并不断地加以改良和创造。日本作为"二战"后迅速崛起的发达国家，在高校创新研发方面也给我国提供了宝贵的借鉴经验。

日本高校培养创新型人才的宗旨和精神动力主要来源于"危机意识""竞争意识"和"成功意识"，这些意识也是日本整个国家的社会共识①。日本民众从小就有危机意识，虽然今天他们属于发达国家，生活富裕，但是他们仍把居安思危作为民族生存的信条。在"二战"后日本把"教育优先"和"智慧创新立国"方针放在首位，把创新人才的培养作为高校的第一宗旨。"危机意识""竞争意识"和"成功意识"形成了良性循环，使日本走上了发达、富强的道路。这三种意识是日本培养创新型人才的强大精神动力和深刻的社会基础。

在教育制度上，日本在高校低年级学生中强化启发式教学和实践性教学，弱化"满堂灌"和"死记硬背"的教学方式。在课堂上老师引导学生探讨问题，相互比较，相互启发，扩大视野。教学中加大实验课比重，在实验课上老师强化学生的动手能力，特别关照接受能力比较差的学生，指导他们多做几次实验，直到学生全部掌握为止。期末考试也多以开卷考查为主，注重学生的理解能力和动手能力，扩大他们的知识面，而不是把时间花在"死记硬背"上。在高年级学生中注重培养学

---

① 薛军：《论日本的科技立国战略》，《太平洋学报》2004 年第 1 期，第 77～81 页。

生的探索能力、实践能力和创新能力。确保他们能接触到最前
沿的科研水平和科研成果，成为接近国际先进科技水平的创新
性人才。日本国家科技发展战略明确提出，人才是科学技术活
动的核心和基础，必须最大限度地发挥学生的聪明才智，培养
他们的创新能力。高年级学生以独立的科学研究为主，充分利
用当今世界最新、最高水准的科研成果作为指导，强化科学思
维方法和挖掘自身潜在的研究能力。日本高校的学习年限比较
宽松，硕士一般为 2～3 年，博士一般为 3～6 年。宽松的时间
期限确保了学生有足够的时间专心致志从事研究工作。同时，
日本在高年级教育中还强调专业外语教学，使学生有足够的外
语水平来阅读本专业领域中国际上最新、最高水平的科学技术
论文和著作，力图使他们有足够的专业背景和语言水平成为创
新型人才①。

三　俄罗斯高校创新方法研发与推广现状

建设创新型高校是俄罗斯国家未来发展计划的重要内容。为了
适应市场经济的需要，俄罗斯高校在培养创新型人才方面进行了一
系列的改革，积极学习与引进先进的教学经验、模式，并逐步向国
际化方向靠拢。俄罗斯联邦政府采取"全国高校学校创新型教学
计划竞赛"等措施来促进创新型高校的建设，给我国提供了有益
的借鉴。

目前盛行的创新方法 TRIZ 理论最早源于俄罗斯，是由苏联发
明家根里奇·阿奇舒勒（G. S. Altshuller）在 1946 年创立的，TRIZ
最早是俄文 ТРИЗ（теории решения изобретательских задач）的
英文音译 Teoriya Resheniya Izobreatatelskikh Zadatch 的缩写，其英文
全称是 Theory of the Solution of Inventive Problems（在欧美国家也可

---

① 韦秉兴、冯键玲、廖丽珍：《日本高校培养创新型人才的一些主要做法》，
《广西广播电视大学学报》2006 年第 9 期，第 55 页。

缩写为 TIPS），中文意思为发明问题解决理论。TRIZ 理论是在研究世界各地 250 万份高水平专利基础上发展出的基于知识的、面向人的解决发明问题的系统化方法学。TRIZ 理论曾在苏联的国家机密、军事、工业、航空、航天等领域发挥了巨大的作用，被公认为使人聪明的理论。苏联自 1970 年起就开始对中小学生进行 TRIZ 理论教学，并取得了积极的效果。

从 2006 年开始，俄罗斯开始推行一系列《国家规划》，其中《有质量的教育》是一系列《国家规划》的重要组成部分。这个大规模的国家教育发展规划涵盖了包括高等教育在内的各个层次的教育，其首要任务就是教育走创新之路，保证国家的创新性发展。创新教育的实质"并非是超过过去，而是要创造未来"。创新型教育将基础科学研究、教学过程和生产过程直接联系起来。国家鼓励创新型高校的发展，采取了一系列措施。

国家给予高校财政支持。从 2002 年起，俄罗斯统一安排高考，统一为每所高校规定具体详细的招生计划，拨款额度根据招收的学生人数和学生成绩而定。国家给大学生的拨款额度分为四个等级，统考成绩在国家规定的分数以上的学生可以免费上大学，而没有达到国家分数线的学生，国家根据统考成绩的高低来确定拨款额度，分数越高，拨款额度就越大。这样可以吸引最优秀的学生到高校学习知识。同时国家根据高校的教学质量和科研水平来决定高校获得国家财政支持的多寡。这样，一些勇于创新的名牌大学、科研水平高的学校就可以获得更多的国家财政支持，而一些传统的大学为了获得国家的财政资助，必须增强自身的竞争力，改变古老的教学模式，确立新的发展目标，加大科研创新的力度。

2006 年俄罗斯举办"全国高等学校创新型教学计划竞赛"，任何高校只要递交两年的创新性教育计划就可以参加竞赛，获胜的高校可以获得几亿到 10 亿卢布不等的资助。教育界、科学界和政府机构的代表共同组成创新型教学计划竞赛委员会，对参赛高校进行评价。评价的标准只有两点：一是对创新性教学计划本身的质量以及计划的预期结果做出评价；二是对高校自身创新潜力做出评价。竞赛委员会不仅要评估创新计划，还要对其给经济、社会和科学领域带来什么样的预期影响进行评估。同时评估标准还涵盖科学和创新性活动的效果、人才培养的现状、学校的质量资源、学校对于创新活动的物质和信息保证。

以 2006 年为例，教育部从参赛的 200 多个高校中，共评选出17 所高校获得联邦政府 100 亿卢布的财政支持。获得的资助主要用于支持学校的创新教学计划，采用现代化的教学方式，购置先进设备。获奖的 17 所大学将 70% 的资助用于购置实验设备，全国共建立 300 多所实验室；25% 用于创新型教学的实施；5% 用于提高教职员工技能和进行再培训。2007 年俄罗斯举办第二届全国高等学校创新型教学计划竞赛，从 267 所参赛高校中选出 40 所优胜高校，共获得 200 亿卢布的资助①。

俄罗斯进行教育改革、推进高校创新型教学竞赛给我国培养创新性人才提供了宝贵经验。

四　英国高校创新方法研发与推广现状

英国高校在世界范围内具有很高的威望。英国在近几年的教育改革中，其创业教育成为其培养学生创新能力的主要手段。创业教育注重学生创新能力和创新意识的培养，倡导学生独立承担学习和能力培养的责任，开展自主性、探索式学习。这为我国高校培养勇于创业、敢于创新人才和发挥实践教学功能提供了宝贵经验。

英国非常重视学生创新能力的培养。让学生从"知道"层面逐渐过渡到"能做"层面，加强学生的实践能力，注重培养学生探求新知识、运用所学知识解决实际问题的能力。英国培养创新人

---

① 姜晓燕：《俄罗斯建设创新型高校的背景与措施》，《大学研究与评价》2008 年第 2 期，第 55~73 页。

才所用的"能力教育"模式主要包括四种教学方法：学习合同法、项目教学法、成绩记录法和自我管理法①。学习合同法是英国高校普遍采用的教学方法，学生可以选修一门"学习合同"模块课程，和 4～5 个学生组成一个小组，在教师的指导下自主进行需求分析、方案设计、组织实施和项目评价。经过评审委员会同意后，课题组即可依据合同规定组织实施。项目教学法是对高年级学生进行综合训练的通用方法。学生以小组的形式自主选择某个感兴趣的项目，项目要求学生使用综合性复杂仪器设备，从定量化数据测量与采集入手，经过数学建模、计算、分析、报告等方式完成研究任务，目的在于让学生体验和掌握研究方法、过程和思想。这种方法非常受欢迎，项目给学生提供了实实在在的科研机会，让他们在实践中体验学习的乐趣。成绩记录法引导学生进行积极主动和有目的的学习。这个方法根据学生自身特点，为学生量身定做一套培养计划并设计学习进度。然后定期记录学生所取得的成绩，并参照实际的进度制订或者调整下一步的课程计划、目标和学习重点。此方法明确学生学习的目标，清晰表明已经取得的成绩和今后努力的方向，并给学生提供反馈信息，能够使学生及时调整学习进度、增强学习的主动性、提高自我调节和自我控制的能力。自我管理法要求学生自己承担自我学习的责任和义务，实行自我学习、自我考核。这种方法极大地激发和保持了学生的学习兴趣②。

英国政府对培养学生的创新创业意识也给予极大的关注。英国政府扩大创业教育资金的来源，高校 80% 的经费来源于政府的高等教育创新基金和科学创业挑战基金等。政府还启动各类创业项目，鼓励学生和老师参与到各个项目中，在实践中学习。同时政府建立多维创意教育评价体系，提升高校创新的参与度，提高高校政

---

① 〔英〕博伊德金：《西方教育史》（中译本），人民教育出版社，1985，第 233～242 页。
② 石晶：《英国高校能力培养及对我国高等教育的启示》，《现代教育科学》2005 年第 3 期，第 33 页。

策制定的科学性①。

五　其他国家高校创新方法研发与推广现状

世界各国都在紧锣密鼓地实施高校创新人才培养计划，加紧制定和调整人才资源战略。

为培养高层次人才，赢得国际人才竞争，加拿大于 2000 年起实施首席科学家计划。该计划通过高校在全世界招聘 2000 名高层次人才。首席科学家计划的学者研究的范围非常广泛，自然科学、健康科学、社会科学领域各占 45%、35%、20%。首席科学家计划的总体目标是使加拿大发展为 21 世纪在世界经济领域领先的国家，以及在全球研发领域位列前 5 位的国家。该计划吸引世界上众多精英学生加入，形成人才流入的良性循环。提升研究能力、吸引和保留最佳人才、加强高校的创造新知识与应用新技术的能力、提供研究资源的最佳利用、促进企业与研究机构的相互合作是加拿大首席科学家计划的核心内涵。

德国推行青年教授制度。从 2002 年到 2005 年，德国政府拿出 3.6 亿马克资助青年教授，吸引杰出的青年教授从事科研创新工作。按照该制度，专业院系依据程序公开招聘青年人才，聘用分两个阶段，每阶段 3 年。从博士后算起，青年教授前 3 年结束进行中期评估，通过评估者再延长 3 年聘期，反之则解除聘约。高校资助青年教授科研经费，提供必需的科研基础设施，为其科研事业营造良好的环境。青年教授计划吸引高层次科研人才从事科研创新，为国家科技创新奠定人才基础②。

法国是中央集权的国家，国家统一管理和指导科研工作，政府非常重视高校创新人才的培养，高校和国家科研中心多年合作，已

---

① 徐小洲、胡瑞：《英国高校创业教育新政策述评》，《比较教育研究》2010 年第 7 期，第 56 页。
② 郑卫东：《加拿大、德国、日本高校的人才战略及其启示与建议》，《高等农业教育》2006 年第 2 期，第 23 页。

经取得很大的成就。法国高校和政府科研机构的合作遵循"相辅相成，长期合作"的方针。高校和科研机构的科研侧重点、承担的任务以及在科研活动中所扮演的角色相辅相成，具有很大的互补性，在长期合作过程中探索出了一套很有特色的合作模式。20世纪80年代后期，在科研中心1350个实验室中，有940个是与高校协办的。1995年几方合作又有重大举措，由教育部、高校和科研三方签订4年的合作协议，共同确定科研计划。1996年双方合作建立了"协作研究单位"。科研机构和高校的合作使得科研事业各主体形成有机结合，充分利用各方资源，发挥最大利用效益，通过优势互补提高研究效率和增强科研活力。

第二节　我国高校创新方法研发与推广现状

在知识经济迅速发展的现代社会，创新越来越发挥着不容忽视的作用。创新已经成为推动经济、社会可持续发展的源泉和动力，成为生产力发展的主导因素。高等学校肩负着培养高素质创新人才、发展科学技术和推动高新技术产业化的重要使命，是国家创新体系的重要组成部分①。国家在宏观层面的协调与引导为高校推广和普及创新方法营造了社会环境。

温家宝总理在2007年7月3日做出创新方法是自主创新的根本之源的重要指示。为加强创新方法的研发与推广，2008年4月，科学技术部、国家发展和改革委员会、教育部、中国科学技术协会联合发布《关于加强创新方法工作的若干意见》，对创新方法工作做出重要的安排部署，并确定黑龙江、四川、江苏3个省为创新方法推广试点省。2009年又批复天津、浙江、山东、湖北、广东、重庆、陕西、新疆、厦门9个省（区、市）为创新方法推广试点省（区、市）。同时，在北京确定4所院所作为试点院所，即北京

---

① 赵黎明、冷晓明：《城市创新系统》，天津大学出版社，2002，第2~9页。

钢铁研究总院、中国煤炭科学研究院、中国军事医学科学院、北京市科学技术研究院。

教育部高等教育司司长张大良在 2010 年 3 月 2 日表示，教育部于 2009 年对基础学科的拔尖创新人才培养做出安排，选择清华大学、北京大学等十多所大学的数、理、化、计算机、生物 5 个学科率先进行拔尖创新人才培养试点，希望在人才培养方面有所突破。他还表示，拔尖创新人才的培养是一项系统工程，需要政府、社会、家庭、学校和企业一致协作，营造拔尖创新人才培养的良好氛围和政策机制。

张大良表示有关政策将从七个方面促进改革。一是做好学生的遴选工作，优先选择综合能力强的学生。根据学生的兴趣和发展潜质来培养学生，给予学生充分的自由选择专业的权利和机会，将最优秀的学生选入培养计划中。二是提高教师的配备质量，要安排高水平的专家学者来担任专业的导师，聘请海外知名学者主持和参与教学。三是注重突出个性的培养模式，积极开展教学理念、模式内容和方法的改革，让学生有自由探索的时间和空间，鼓励学生自主学习，积极参加科研。四是营造良好的氛围，通过世界级的科学家的访问和高水平的学术报告等形式来营造浓厚的学术氛围和创造开放平等的交流机会，激发学生的求知欲和创新愿望。五是在制度上要创新，采用学生管理、导师引导、班级管理相结合的制度和灵活的课程选择机制。六是提供条件支持，国家重点实验室、开放实验室、国家实验教学实验中心要向学生开放，并给予经费支持、条件支持和空间支持等。七是加强国际合作，通过联合培养或暑期短期考察等方式，分期派送学生到国外一流大学学习和交流。鼓励学生利用国外的条件开展科研工作，尽快融入学科领域中去①。

这些政策指明了高校创新人才培养的方向和模式。试点高校积

① 《北大等 10 余所高校率先试点拔尖创新人才培养》，中国新华网，http://www.chinanews.com.cn/edu/edu－jygg/news/2010/03－02/2146614.shtml.

极参与，配合国家的创新培养模式，积极推进教育改革。同济大学成为"国家大学生创新训练计划"实施的高校之一。该计划由大学生创新训练项目等构成。本科学生个人或者团队在教师的指导下自主选题、自主设计实验、组织实验设备和实施实验，并进行必要的数据分析和撰写总结报告。教育部对每个试点高校给予30万元左右的项目经费支持。高校每年向教育部高教司报告项目进展情况。在项目结束后，由学校组织项目验收并将结果报给高教司。高教司组织专家对项目进行评价，并评选出优秀项目。

江苏省是2008年国家首批技术创新方法试点省，江苏省科技厅十分重视创新方法试点工作，认真指点制订试点工作方案，立足本省的基本情况，重点引路，整体协调，扎实推进试点工作，已取得了初步成效①。在高校创新试点中，江苏省率先基本建成国家一省一校三级联动、分层次建设、全方位推进、具有江苏特色的重点学科建设体系。全省高校中有29个一级国家重点学科、64个二级国家重点学科、23个国家重点（培育）学科。其中有3个一级国家重点学科、13个二级国家重点学科列入国家"特色重点学科项目"。江苏省共有2所"985工程"高校、11所"211工程"高校。全省有28个博士学位授予单位、51个硕士学位授予单位。依托国家和省重点学科建有135个博士学位授权一级学科、163个博士学位授权点，151个硕士学位授权一级学科、645个硕士学位授权点，为社会输送了大批的高层次专业人才。2002年，江苏省财政累计投入7800万元实施"研究生培育创新工程"，构建了研究生培养优质资源体系、研究生自主创新体系、研究生教育改革和实践体系、研究生质量评价体系。在历年全国优秀博士学位论文评选中，江苏省共入选98篇（占8.3%）。全省有52部教材入选"全国研究生推荐教材"，形成了"省博士生学术论坛""省研究生创新与学术交流中心"等在全国具有较大影响的创新品牌。江苏省在 2009 年启动"企业研究生工作站"建设工作，已经建设 160 个工作站，推进高校和企业资源共享和优势互补，基本形成国家－省－培养单位三级联动的研究生教育创新体系[①]。同时江苏省还创建了"江苏省创新方法网"，为企业和高校创新提供服务平台；大力推动《技术创新方法（TRIZ 理论）》传播，设置了适用于不同培养对象的技术创新方法课程体系；已经初步架构了技术创新方法推广应用服务平台。

作为 2008 年我国第一批创新试点省，黑龙江省切实开展多项创新方法活动，积累创新方法试点示范经验。黑龙江省政府为加快自主创新能力建设做出"八大经济区"和"十大工程"战略部署，重点实施"技术创新八大行动计划"，全面提升自主创新能力，推动经济又好又快发展。首先，黑龙江借助地理优势，最早从俄罗斯引入基于 TRIZ 理论的创新方法，并积极创造条件推动 TRIZ 理论的发展。从把 TRIZ 理论引入教学、组建创新型 TRIZ 理论教师团队、建立 TRIZ 理论教学网站、进行 TRIZ 理论立体化教学到搭建 TRIZ 理论实践平台、全方位地利用 TRIZ 理论激发学生的发明创造潜能、提高学生的创新能力。TRIZ 理论是基于知识的创新方法，TRIZ 理论推广和学生创新能力培养的关键就在于如何使学生能够透彻理解 TRIZ 理论的各项法规和原理、如何有效地使 TRIZ 理论与工程实际问题相结合。黑龙江科技学院搭建系统的 TRIZ 理论创新平台，从多个角度推广应用 TRIZ 理论和方法，具体如下：①在课程设计、毕业设计中实践 TRIZ 理论；②鼓励学生在创新大赛中应用 TRIZ 理论，例如学生们在 CCTV 亚太大学生机器人设计大赛、国家航模设计大赛、飞思卡尔智能车大赛等活动中都很好地应用了 TRIZ 理论；③构建 TRIZ 实践平台，例如黑龙江科技学院与龙煤集

---

① 《高校办学水平和创新人才培养取得新成绩》，http://www.jsenews.com/site/boot/qsjygzhy/newsmore_a2010083126832.html.

团、鸡西煤厂共同建立 TRIZ 理论创新实践基地，让学生走进工厂，面对现场问题，从实际出发分析问题和解决问题。其次，黑龙江于 2009 年 9 月开通科技创新创业共享服务平台，有 72 家单位加盟，平台从创新研发、成果转化、企业发展和资源共享 4 个方面进行综合集成，构建了 15 个面向重点产业振兴和战略新兴产业发展的创新服务平台。2010 年 12 月，又有东北林业大学、哈尔滨理工大学、黑龙江大学加盟省科技创新创业共享服务平台，并举办加盟揭牌仪式，3 所高校还分别获得 10 万元共享补贴及奖励资金。再次，2010 年 6 月由黑龙江省科技厅、黑龙江省教育厅和团委共同举办黑龙江首届"TRIZ"杯大学生创新设计大赛，向社会展示黑龙江技术创新方法推广应用成果和当代大学生奋发向上的创新精神。最后，全力建设哈尔滨科技创新城，实施科技园区提档升级行动计划，打造黑龙江省高新技术产业增长的龙头。2010 年入驻哈尔滨科技创新城的建设项目有 17 项，总投资约 88 亿元。黑龙江省积极推动科技成果转化行动计划，2010 年上半年，全省共登记 519 项应用技术成果，转化率达 82.7%。

四川省也是 2008 年"技术创新方法试点省"之一，全省围绕"工业强省"战略和"两个加快"建设，大力推进创新建设。高校在全省创新工作中发挥着不可小觑的作用，传播创新意识和创新方法，推广应用创新工具，培养创新人才。四川省依托四川大学、西南交通大学、电子科技大学的主要科研力量，建立创新方法研发平台，成立四川省创新方法和创新设计重点实验室、TRIZ 集成与工程应用实验室和成都高校区博士创业园区技术创新方法孵化基地。同时还建立了 TRIZ 理论专业网站，全面介绍和宣传创新方法的基本理论知识、工作动态和典型案例。在科技部创新方法科技专项的支持下，四川省成立省创新方法研究会，并组织西南交通大学、电子科技大学、四川大学与四川生产力促进中心、四川省科技信息研究所、北京亿维讯科技有限公司、四川省农村科技发展中心等成立产学研相结合的专项工作小组和课题组。2010 年 6 月 5 日，四川省学生联合会、中国科学院成都教育基地和中国科学院成都教育基地研究生会创办了"创新点燃激情、创业成就梦想——四川省高校及科研院所研究生创新创业论坛"。论坛的建立进一步搭建和完善了四川省各高校及科研院所、研究生会的创新创业工作交流平台，将更好地发挥高校、院所、研究生会的作用，切实有效地引导创新方法的推广应用，推动创新创业成果的转化，切实培育和增强研究生的创新意识和创新能力。

　　山东省高校也积极投身创新方法的研发与推广。山东建筑大学在 2004 年率先引进 TRIZ 理论并开展相关研究，组建 TRIZ 理论研究所，成为中国 TRIZ 研究会第一届理事会理事单位。山东建筑大学拥有完善的 TRIZ 设备计算机辅助创新设计软件 Pro \ Innovation 和 Innovationtools 3.0 以及学习软件 CBT \ NOVAT，已承担山东省 3 个自然科学基金和 48 个企业委托开发的 TRIZ 项目。山东建筑大学已经连续七年在本科生中开设创新方法公共选修课，并把它作为机械学院本科生的公共必修课，在全院开设"大学生创新能力培训班"，还开展"科技创新月"等活动，创新活动如火如荼进行并取得可喜的成绩。山东建筑大学已经培养了六届基于 TRIZ 创新设计方向的硕士研究生，学生申请各类专利 300 余项，获得省级以上创新大赛奖励 40 多项。济南大学学术团体在 TRIZ 理论教学、产品创新设计等方面也有良好成果。济南大学购置完备 TRIZ 设备，高档 PC 机，CAI 软件，AutoCAD、UG、Solid Works、Solid Edge 等各类 CAD 软件以及 VC、VB 等开发系统。这些设备给学生提供了良好的实验机会并为应用创新打下坚实的基础，学校还在本科生中连续两年讲授《TRIZ 创新理论》，引发和提升学生的专利创意。

　　各个试点省市积极投身创新教学和实践活动，试点高校在其中发挥了自己独特的地位和作用。这都为我国全方位地推行创新提供了借鉴。

第三节　国内外高校研发与推广创新方法的启示

胡锦涛总书记在 2006 年召开的全国科技大会上提出：要建立创新型国家，提高自主创新能力，这是我们事业发展的内在需求，也是当今世界发展变化趋势的必然要求。如何通过发展高等教育促进创新理论的研发和创新方法的推广，借鉴发达国家的经验是不无益处的。"他山之石，可以攻玉"，参考和借鉴发达国家先进教育和教学经验有助于更好地解决我国高校创新不足的问题。当然在借鉴别国经验时，还应该根据我国具体国情予以灵活应用，要认真贯彻中央提出的自主创新战略决策，注重深化高校自身的教育改革，最终形成具有中国特色的创新教育理念和模式。

一　加强政府对高校创新的政策引导

美国政府对高校创新研发和推广的政策引导给我们以参考和借鉴。美国一直不断根据社会经济的发展需要及时地调整大学教育的培养目标，面对如今知识经济发展的大趋势，则在人才培养中提高了对创新性的要求。美国基于对创新人才的理解而把社会对创新的需要融入人才培养模式中、融入具体的个人素质的培养中，有较强的目的性和实用性。目前我国政府对高校的创新研发重视不够，较少根据市场的需求来引导高校对人才的培养。对创新人才培养中所强调的创新意识、创新精神、创新能力等内容的理解多来源于领导人讲话和政府文件，对其深层内涵和作用的阐述缺少相应的理论基础和实践意义。

创新精神应该是全面素质教育的具体化和深入化，要建立符合创新教育要求的综合性知识结构、价值观、人才观，才能有效培养学生的创意和创新能力。美国在政策引导上给我们树立了典型，联邦政府在宏观政策上的具体导向型措施（包括在专项基金上向创新教育的倾斜、建立评估高等教育的教育评价指标体系、把创新教育思想渗透到高等教育的相关政策和法规中）使创新思想贯穿于高等教育的全过程，不断提高学生的创新精神和实践能力。我国政府应该加强政策导向，引导高校重视创新教育，使各层教育界人士都认识到创新教育的重要性并且要付诸行动。同时政府还应该以市场需求为导向来加强政府对高校创新的推动作用，引导高校积极培养适应市场需求、富有创新性的人才。在实践中，应正确认识和处理继承和创新的关系，把专业教育、目标教育和创新素质的培养有机结合起来[①]。根据我国社会制度、基本国情以及我国经济发展基础和水平，最终建立有中国特色的创新人才培养机制。

二　改革课程设置和人才培养模式

美国的核心课程制和选修制得到世界各国高校的一致认同，美国活跃的课堂气氛和多样化的教课手段也被一些国家所仿效。我国高校课程设置虽已采用了核心课程制和选修制，但教学上基本还处于在课堂上向学生灌输大量固化知识的阶段，学生多处于被动接受的状态，不利于激发学生的创新思维和培养创新意识。为推进教育体制中的创新型教育，在教学过程中应该避免填鸭式的教学模式，要善于启发学生，善于创造问题让学生思考和解答，开展多种形式的讨论，提高学生的积极性和主动性[②]。要鼓励学生从不同的角度出发来看待问题，让学生在课堂中有表达自己思想的自由和欲望。教师应该对正确的观点予以认同和强化，对认知偏差的问题加以引导，注重学生的个性化和多样化培养。

强化学科特色是未来高校发展需要关注的一个问题。俄罗斯高

---

① 刘宝存：《美国大学的创新人才培养与本科生科研》，《外国教育研究》2005 年第 12 期，第 45 页。
② 王伟、余际从：《在中美比较中审视我国高校创新人才培养》，《中国地质教育》2005 年第 3 期，第 128～130 页。

校学科建设就始终以自身优势学科为主，而不是盲目扩大学科领域、一味追求大而全、追求综合性。高等学校之所以知名常常不是因为它的大，而是因为它显著的专业学科特色，学科特色是一个大学的生命①。我国目前高等学校发展存在一定的偏差，就是有些高校一味地追求大而全，尤其近几年高校合并事件屡见不鲜。高校合并虽有其优越性和必要性，但是应建立在鲜明的学科特色上，不应盲目地合并。这也就是国外高校快速发展给我们的启示，即要建立具有学科特色的大学需要集中精力、财力和物力建设高校一流学科。另一个需要关注的问题就是行政组织和学术组织相混淆，用行政力量去推动学科的建设，组建过程中行政色彩过浓，难以真正发挥学科带头人的作用，严重制约了学科的建设和发展。应该以人为本、以需求为导向、以知识为依托，正确处理学术组织与行政组织的关系，把学校的学科建设真正落到实处。

三　引导学生参与创新实践活动

无论是美国、日本还是其他发达国家的先进教育经验都把实践活动放在培养学生创新能力的重要地位。美国大学生的创新能力普遍较强，归功于高校合理的教学计划和完善的实践性教学体系。我国虽然意识到实践活动的重要性，但是并没有在真正意义上推行实践活动。我国的实践活动仅仅存在于口头上和形式上，学生没有积极自主地投入实践活动中。实践活动是完善学生的知识结构，培养学生的实践能力、创新能力和综合素质的重要举措。我国高校的创新实践活动不能仅仅停留在形式上，要采取多项措施予以全面落实②。要逐步克服学生课程繁多、没有时间精力进行实践活动等实际问题，从素质教育抓起，精简课程门数，压缩课程内容和授课时

---

① 陈桂华：《俄罗斯高校改革成效及对我国高教改革的启示》，《华北水利水电学院学报》（社会科学版）2003 年第 4 期，第 32 ~ 35 页。

② 罗道全、李玲：《国外高校面向 21 世纪教学改革述略》，《北京教育》2001 年第 1 期，第 43 ~ 45 页。

数，使学生能够自己支配时间从事实践活动，在实践中全面提升创新意识和创新能力。

同时高校要建立创新实践平台，使学生有足够的机会和场所参与实践活动。创新实践平台包括科学实验室，产学研共建的实验基地，创新团队和学生自发组织的各种活动平台等①。其中，实验室是科技创新的重要载体。应大力整合产学研各方资源，根据社会和市场的需求建立创新实验室。实验室应有先进的仪器设备、前沿的科研指导，以及学生有序的科研活动。通过课堂内外的各个实践活动全面构建实践教学体系，才能真正做到实践教学与课堂理论相结合、与生产劳动相结合、与先进的科学研究相结合，使学生建立全面、合理的知识结构。通过实践性活动强化学生的动手、动脑能力，提高其发现和解决社会生产中的实际问题的能力，也才能真正使他们的动手能力和创新能力实现有机的结合。

四　营造学术自由的良好氛围

在高校，人才的培养离不开教师的指导，创新人才的培养更离不开一流的创新性教师。一流的师资是培养创新人才的关键所在。目前我国高校教师的创新能力有待提高。一方面，教师在自己读书时期多数接受的是中国的传统教育，自己完成成为教师的身份转换后并不知道如何引导和激发学生的创新能力；另一方面，我国教师大都是直接从高校毕业后进入高校任教，自身有理论知识和学科知识，但较为缺乏实践经验，很难亲身示范和演示创新行为。我国高校教师聘任制度应该提高教师队伍中具有企业或者科研经历的教师比例②，有计划地引导教师深入企业和科研院所进行科研实践活动，从而提升其创新实践能力。

---

① 林泽炎：《我国高校培养创新人才的现状与对策建议》,《决策咨询通讯》2008 年第 1 期，第 64～66 页、第 79 页。

② 赵霞：《美国高校培养学生创新能力的成功经验及启示》,《连云港师范专科学校学报》2009 年第 4 期，第 68～70 页。

同时还必须尊重教师的学术自由①。教师享有独立的、不受干涉的学术和教育职能，这是 1915 年美国大学教授协会发表的学术自由原则。美国为了确保教师的学术自由，采用了终身教师制度，来保障教师的经济独立和职业稳定②，让教师无后顾之忧地进行学术研究。一般而言，学术自由有助于教师专注于自己专长的领域，在自己的领域内深入研究，能有较大的创新机会。为使学术自由的氛围得以形成，应在政治权利、经济收入、职业稳定性上给教师以必要的保障。

改革教师考核评价体系，把教师的创新研究能力纳入教师评价体系中，用制度和政策引导教师从事创新型研究工作。美国高校普遍把高校教师的职责定位在教学、科研与社会服务三方面③，这也正是我国建立高校教师评价体系时所应考虑的要素。鼓励教师从事创新研究，有助于提高教师的创新能力，同时也提供了教师与学生合作的可能性。让学生参与到教师的创新研究中去，鼓励学生用创新的方法来提高自己从事研究工作的水平。

五　加大产学研结合力度

政府应该不断加大高校科研的经费投入，同时应该鼓励私人和其他机构对高校的研究给予资助④，用经费引导高校从事创新科研工作。同时政府必须加大技术转让的力度，促进高校科研成果的商业化应用。应在高校内部、高校之间、高校与企业、高校与政府之间广泛开展合作。发挥各自的学科优势、科技优势、人才优势、资

① 周作宇：《美国终身教授制的变迁与启示》，《高等教育研究》2001 年第 3 期，第 106 ~ 109 页。
② 施洋：《美国终身教职制对我国高校教师任用制度的启示》，《理工高教研究》2007 年第 3 期，第 35 ~ 36 页、第 39 页。
③ 方中雄：《借鉴美国高校教师管理制度创新教育学院师资建设工作》，《北京教育学院学报》2008 年第 3 期，第 47 ~ 52 页。
④ 樊来耀：《美国高校办学经费筹措体制研究》，《学位与研究生教育》2001 年第 11 期，第 38 ~ 40 页。

金优势、产业优势来放大各创新主体集成所带来的整体优势。美国高校、企业和政府三者之间搭起的良性循环通道是值得我们借鉴的。在产学研合作上，高校应多与企业联合进行技术开发，联合建立工程中心，建立大学科技园。政府应鼓励高校和企业实施改革，提高对产学研合作重大意义的认识，改变我国传统的封闭的教学模式，注重加强学生的操作能力和把理论知识应用到实践的能力。政府应运用政策手段创造条件促进企业与高校合作，通过增加科技、教育拨款或者减免税收等政策推进建立产学研合作教育机制，尽快建立和完善产学研合作管理体制，在制度上保障产学研合作长久、广泛地实行。产学研合作创新不仅可以增强学生的实践能力，培养学生的创新意识，还能给企业带来高素质的人才，强化企业的科技力量。同时产学研合作的创新成果如应用于企业，不仅能够增强企业竞争力，也为高校拓宽融资渠道，使之有资金支持下一轮的创新研发。产学研合作是高校和企业的互惠互利之路。

六 建立良好的创新环境

美国经济的快速发展依赖于高校的创新人才培养模式，而高校学生的创新能力离不开美国良好的创新环境。美国从政府到社会，再到高校和个人都非常重视创新能力的培养，这奠定了美国良好创新环境的基础。我国以创新为基点的建设和发展刚刚起步，还没有建成完整的创新体系，也还未形成良好完善的创新环境。所以我国高校创新研发的一项重要工作是不断地改善创新环境，要使创新的理念与思维融入教育目标中，融入科研工作中，融入学生的学习生活中，融入社会的方方面面，逐步形成良好的创新环境和氛围。学校创新环境的建设是创新人才培养的必要条件，应有计划、有步骤地予以推进。

要营造一个良好的创新环境，不仅要有硬环境的改善，比如加强高校校区的建设，使学校、企业和社会融为一体，加强彼此之间的沟通和联系。还要注重软环境建设，比如鼓励学生参与课外活动①，鼓励学生关注和投身社会的建设与发展。创新人才的培养不但需要学生在课堂上学习基本的理论知识、基础知识和技术方法，而且更需要通过丰富的课外活动、实践活动尤其是研究性的探索活动对所学的知识和思维方式进行大胆的创新和突破。学校要引导并支持学生开展丰富的课外活动，使学生在精彩的课外活动和社会活动中能够开阔视野、增长知识、完善个性，在浓厚的文化氛围中受到潜移默化的陶冶，提高综合素质。课外活动是课内教学的必要补充，是学生发挥个性和潜力、表现自我的主要渠道。校内外的各种文化活动、科技活动、知识竞赛和科学研究都有助于培养学生的创新能力。这些活动可以激发学生的创造性思维，培养学生积极主动学习的态度，还可以延展学生的求知欲和想象力，提高创新精神和实践能力，为学生自我个性的塑造和完善创造了良好的条件②。要逐步建立创新的"内文化"，把创新特质带到校园文化的各个方面，借以催发和强化学生创新能力。

第四章　北京高校研发推广创新方法的优势、地位与作用

第一节　北京高校在研发推广创新方法中的优势

随着十七大报告中要大力推进科研方法创新的重要思路的提出，2007 年温家宝总理先后两次对创新方法工作做出重要批示，科技部在全国积极推进创新方法试点工作，这些都为高校发挥自身优势开展创新方法推广普及工作营造了良好的氛围。同时，北京高校在研发推广创新方法方面所具有的人才密集、科研基础雄厚、经费充足、高校创新教育改革契机等优势也为北京高校研发推广创新方法创造了良好的条件。

一　人力资源丰厚

高校不仅有一支相对稳定的高水平的师资队伍和科技队伍，还有延续不断的大批研究生和高年级本科生，他们参与科技创新积极，科学思想活跃，有利于实现源头的创新。北京是我国人力资源最丰富的地区，其科技人才拥有量及培养力度在全国各城市中名列前茅。例如，在京工作的中国科学院、中国工程院院士人数就占全国两院院士总人数的 2/3 以上。北京大学现有两院院士 31 人，第三世界科学院院士 4 人，教授 810 人，副教授 840 人，获博士学位的教师达 530 人。清华大学现有两院院士 38 人，教授 651 人，副

教授 756 人，获博士学位的教师达 623 人①。北京高校和科研机构数量众多，为北京开展科技创新工作提供了充足的人力资源和组织资源。

人才是新知识、新技术的载体，没有人，即便是再好的知识、再尖端的科技也难以展示和实现其价值。人才在高校技术创新中也起着重要的作用，高校优质的人力资源不但是高校创新的源泉，也是经济社会领域技术创新活动的潜在参与者。高校人才队伍是复合型人才队伍，高校有相对集中的师资队伍和高水平的科研开发力量。其中有一部分专门从事应用开发研究的人员，他们与企业联系较多，了解企业运营和市场营销，这一类人才我们称之为"市场型科技人才"或"科技型企业家"，这是高校与企业结合而产生的新型人才，能在区域创新中发挥重大作用。除高校自主创新外，在企业技术人员知识更新、职工文化素质和技术技能提高的教育中，高校也起着重要作用。众所周知，高校是培养人才、传播新知识和新思想的重要基地，拥有丰富的青年才俊和一大批高水平的科技专家，拥有国家所急需的拔尖创新人才和创新团队，而且高校科技人员流动更新快、学术思想活跃、学术氛围浓厚、学科综合交叉。因此在科技培训中高校科技人员总可以给企业带来新的发展理念、创新思维和创新方法。北京高校和科研机构数量众多，客观上为北京开展科技创新工作和创新方法推广工作提供了充足的人力资源。

二 学科和学术要素完备

北京地区高校的学科综合齐全。高校文、理、工、农、医兼而有之，自然科学与社会科学结合，互相交叉渗透，蕴涵新的研究方向，孕育新的学科生长点和创新成果。高校学术气氛浓厚，文化氛围自由，科研任务指令性较弱，市场环境相对宽松，非常适合开发

---

① 江莹：《大力加强研究型大学在技术创新中的导引作用》，《郑州大学学报》2001 年第 1 期，第 56 页。

原始创新性的基础研究。在教学科研结合的大背景下，高校既是培养人才的摇篮，又是知识创新的源头。在知识创新的过程中产出优秀人才，在培养人才的过程中产出创新成果。通过教学、科研两种人才培养模式的结合，教育、科研相生相长，人才、科研成果辈出，达到投资省、效益高、成果多的效果。高校又是科技、教育信息的集散地，信息畅通、灵便。高校不仅作为学术单位与国内外研究机构交流频繁，而且大量校友遍布国内外社会各界，有着得天独厚的获取信息及国际合作的条件。目前，北京高校已经形成了宽松、自由、民主的学术氛围，培育了利于创新的多学科交叉的学术土壤，共同构成了北京高校在研发推广创新方法上独特的优势。此外，高校的学科完备性、规模庞大性在培养人才方面也有着不可忽视的优势。正因为高校的学科完备和规模庞大，它才可以培育多学科交叉的学术氛围，才可以在学科边缘、交叉地带开发新的创新方法的研发领域和应用领域，培养高层次、复合型的创新方法人才。

三　科研实力雄厚

北京作为全国的文化中心，教育与科研十分发达，北京高校处在北京这个大环境下，毫无疑问具有较强的科研基础和实力。从高等教育的规模来看，北京拥有包括北京大学、清华大学、中国科学院研究生院等全国一流的教学与研究机构，有包括北京邮电大学、北京航空航天大学、北京理工大学、北京大学医学院、协和医学院等一大批全国部属重点院校。这些院所和高校的科研基础和教育实力为北京科技创新以及研发推广创新方法提供了有利条件，成为建设"科技北京"的重要力量。《北京中长期科学和技术发展规划纲要》中提出：要重点建设一批科研基础设施和大型科学仪器、设备共享平台，自然科技资源共享平台，科学数据共享平台，科技文献共享平台，成果转化公共服务平台，网络科技环境平台等，全面加强对自主创新的支撑。院所和高校正是这些平台建设的基本力量。

此外，北京高校还拥有丰富的信息资料和科研实验条件，包括国家实验室、国家重点实验室和省部级重点实验室等基础研发平台，它们涉及数学、物理、生物、信息、工程、生命科学等众多学科领域。2007 年 11 月，党的十七大把提高自主创新能力、建设创新型国家作为国家发展战略的核心和提高综合国力的关键。《国家中长期科学和技术发展规划纲要（2006～2020 年)》明确指出，"加强国家重点实验室建设，不断提高其运行和管理的整体水平"，"加快建立以企业为主体、市场为导向、产学研相结合的技术创新体系，引导和支持创新要素向企业集聚"。正因为北京已建立了良好的科学技术服务体系，近年来北京成为国际跨国公司研发中心的聚集地。在跨国公司纷纷在京设立研发机构的同时，北京的研发组织形式也在不断创新，其中北京高校的成果转化和工程化研发平台成为其中的佼佼者，它能够加强高校与社会各界广泛和直接的联系，促进高校与企业之间人员以及信息的流通，在实现高校创新方法成果的快速产出、转化和普及方面发挥重要作用。

北京市属高校的科研实力在全国也处于领先地位。2010 年，市属高校获国家科技进步奖共 4 项，占具有硕士学位授予权的市属高校的 36.8%。市属高校科技水平在全国地方高校中继续处于领先地位，其获奖数占全国地方院校获奖数的 19%[①]。

四 强有力的资金支持

为推进实施《国家中长期科学和技术发展规划纲要（2006～2020 年)》，国务院及相关部门提出若干配套政策。其中包括，大幅度增加科技投入，建立多元化、多渠道的科技投入体系，全社会研究开发投入占国内生产总值的比例逐年提高，使科技投入水平同进入创新型国家行列的要求相适应，确保财政科技投入的稳定增

---

① 《北京市属高校获国家科技进步奖取得新成绩》，http://www. usrn. edu. cn/pages/info_details. jsp？ seq = 5943&boardid = 714&classcode = 714,2011. 2. 14。

长。各级政府把科技投入作为预算保障的重点，年初预算编制和预算执行中的超收分配都要体现法定增长的要求。2009 年中央财政的科技投入将达到 1461 亿元，增长了 25.6%，两年内国家将投入 1000 亿元用于科技政策的实施，落实自主创新优惠政策，强化对政策的支持引导，加强自主创新产品的推广和应用，加快对高新技术企业的认定，提升企业自主创新能力，支持产学研联合开展消化吸收和再创新。对重大装备的引进，用户单位应吸收制造企业、高等学校和科研院所参与，共同跟踪国际先进技术的发展，并在消化吸收的基础上共同开展自主创新活动。在国家科技基础设施建设中，优先支持在重点产业中由产学研合作组建的技术平台，承担重大引进技术消化吸收再创新任务。

北京市近年来投入大量资金鼓励自主创新和研究开发。据调查，在首都科技条件平台建设中，通过与中国科学院、清华大学、北京大学等 12 家中央单位合作共建"首都科技条件平台研发实验服务基地"，投入 5800 万元科技经费，盘活了 264 个重点实验室、1.3 万台（套）价值约 76.3 亿元的科研仪器设备。同时，北京高校的科研经费也年年攀高，2009 年全国高校科研经费达 728 亿元，如北京交通大学科研项目经费 2009 年已突破 6 亿元。高校是我国开展科学研究的一支重要力量，科研经费已经成为学校重要的资金来源之一。现今，科研经费大幅度增长为高校进行科研项目以及科技创新提供了有利的条件。北京高校科研经费逐年增长与北京经济实力处于全国前列、能够给予高等教育有力支持密切相关。2009 年，北京地区人均生产总值突破 1 万美元。2008 年，北京市高等教育生均预算内教育事业费为 24380 元，是全国唯一超过 2 万元的地区；高等教育生均预算内公用经费为 15418 元，也是全国唯一超过 1 万元的地区。经济的持续稳定增长、政府在科研开发方面投入的不断增加为北京开展高校科技创新工作提供了有力的资金保障。

五　创新教育改革提供的新契机

2006 年颁布的《国家中长期科学和技术发展规划纲要（2006~2020 年)》中提出：人才队伍建设要充分发挥教育在创新人才培养中的重要作用。该纲要对高校的改革与发展提出新的要求：高校要适应国家科技发展战略和市场对创新人才的需求，及时合理地设置一些交叉学科、新兴学科并调整专业结构。在加快人才队伍建设的同时要构建有利于创新人才成长的文化环境。2010 年 6 月发布的《国家中长期人才发展规划纲要（2010~2020 年)》中提出：人才队伍建设的主要任务之一是突出培养造就创新型科技人才；要实施产学研合作培养创新人才政策、实施人才创业扶持政策、实施更加开放的人才政策。这些要求的提出进一步激发了高校培养人才的积极性，大大推动了人才队伍建设的进程，使高校能够更主动、更坚决地进行改革与创新，从而为创新方法的研发推广提供人才保证和其他有利的条件。

2010 年 7 月发布的《国家中长期教育改革和发展规划纲要（2010~2020 年)》中提出，高等教育的发展任务包括：全面提高高等教育质量，提高人才培养质量，提升科学研究水平，增强社会服务能力，优化结构办出特色。人才培养体制改革内容有三个方面，即更新人才培养观念、创新人才培养模式、改革教育质量评价和人才评价制度。《国家中长期教育改革和发展规划纲要（2010~2020 年)》的提出，标志着高校的创新教育改革势在必行。高校创新教育改革成为促进创新方法研发与推广的重要契机。高校正在推行以创新教育为主要内容的素质教育改革，而创新方法又是创新教育不可或缺的组成部分，创新方法工作将乘教育改革之机加快推广与普及的进程。

2010 年 12 月 6 日发布《关于开展国家教育体制改革试点的通知》（国办发〔2010〕48 号），其中关于高等教育改革试点规定了三项内容，具体如下：改革人才培养模式，提高高等教育人才培养质量；改革高等教育管理方式，建设现代大学制度；适应经济社会发展需求，改革高等学校办学模式。国家教育体制改革试点力争在四个方面取得新突破，其中之一就是在人才培养体制改革上取得新突破，着力推进教育教学内容和方法、课程教材、考试招生和评价制度改革，从而推进素质教育的进程。高校通过进行创新教育、更新教育观念、设置相关的创新课程来培养大学生的创新意识和创新思维。思维创新是创新能力的起点和关键，也是创新活动和创新成果的源泉。在大学生中进行创新意识和创新思维教育，为创新方法的推广与应用提供了前提条件。

总之，北京高校是建设"科技北京"的重要力量，具有宽松的环境氛围、丰富的人力资源、雄厚的科研基础、大量的财力支持等教育和研发优势。北京高校将利用创新教育改革这一契机，投身于创新方法研发与推广大潮之中，展示其不可替代的地位和作用。我们也应该看到，虽然北京高校在研发推广创新方法中的地位、作用和优势是其他组织机构无法替代的，但这些优势尚未完全在现实中体现。北京高校需要继续努力和探索，将种种理论上的可能性变为现实。

第二节　北京高校在研发推广创新方法中的地位

高校具有知识创新、知识传播和人才培养的三重功能，是培养科技创新与创造人才的重要基地，是科技创新的不竭源泉，北京高校是建设"科技北京"的重要力量，在北京创新方法的研发推广工作中具有不可替代的地位和作用。

一　高校肩负创新方法研发、传播和创新人才培养的重任

高校具有知识创新和知识传播的功能，英国《经济杂志》曾把高校称为"知识工厂"。高校不仅是知识的创新源和人才的培养库，也是经济的增长源、文化知识的传播源和技术的转移源。高校在知识经济发展中具有特殊的地位。如果说知识和创新是知识经济

中技术创新的燃料和电流，那么高校就是提供燃料的源头和产生电流的"发电机"之一。在高校中，知识传播和知识生产是相辅相成的。知识传播为知识生产提供了必需的知识汇聚、碰撞、升华的场所，同时大量的知识成果要通过知识传播而扩散开来。北京高校在知识传播和推广创新方法方面承担重要职能，其原因在于：高校始终把教学和研究的结合看成其主要任务，实行导师指导制，并以研究生教育为重点，这种高的知识、智力起点提高了创新方法工作的层次和能级。高校推广创新方法的纽带作用主要表现在以下四个方面。①师生们围绕他们所做的科学工作，借助于大众媒介向社会公众进行科普宣传，促进创新方法的普及和应用，从而为创新提供广泛的动力。②通过论文发表等正式或非正式的科学交流使自己的科学创造（包括在创新方法方面的创造）获得社会承认和支持，以利于各类人才的成长。③将知识生产与知识应用相联系，使创新快捷高效地转入应用。其途径就是培养复合型、创造性人才（包括创新方法人才），使创新成果转化借助于人力资源的流动来完成。④科学教育。许多国家在制定科技发展规划中都列入了科学教育的内容。高校在科学教育中责无旁贷。高校具有人才培养的功能，是培养创新人才的摇篮。高校的师资力量雄厚、学科综合齐全、学术氛围宽松，为创新人才的培养提供了有利条件。高校特别是北京的一些高校每年可以为国家培养大批的人才，而且培养出创新方法专门人才，使这些人才投身到国家科技创新体系之中，贡献他们的力量。正是基于此，高校在创新方法研发、传播和创新人才培养中肩负重任。

二 高校是科技创新的重要源泉

旅美学者、中国旅美科技协会会长马启元博士曾经说过："中国要发展高科技产业，必须充分重视大学的作用，大学是科技创新的源泉。"高校的人力资源优势决定了高校在国家科技创新中发挥着核心作用。首先，高校的人力资源优势实际上就是一个十分丰富的创新智力源。高校教师理论基础雄厚，高校学科配套齐全，加之青年学子生机勃勃、富于强烈的创新意识，这些都为高校提供了一个跨学科、综合交叉的自由宽松、竞争合作、兼容并包的创新学术氛围，易于滋生新的学科或新的学科生长点，其研究成果也更具有创新性和前瞻性。其次，高校是基础研究的主力军。科技创新主要来源于科学研究，科学研究是产生知识的源泉。高校是我国科学技术研究的主力军，高校在基础研究方面发挥着尤为重要的作用。近年来，在推进我国国家科技创新体系的建设中，国家已经从体制和制度上加大了对高校科研和人才培养的支持力度，进一步调动了高校师生科技创新的积极性，使得高校科技创新能力不断提高。高校正在成为我国高层次人才培养的摇篮、科技创新的基地、新产业培育发展的源泉、国家和地方经济发展的强力支柱，是我国科技创新队伍中的重要力量。最后，高校拥有一支高水平的科技创新队伍，拥有一批具有国际影响的学术带头人。在今后的发展中，在跨地区、跨学科的有机整合中，高校正在形成一批充满活力的科技创新群体，成为我国科技创新的突击队和排头兵。这样一支队伍如果投入创新方法推广普及工作中，将会发挥巨大的作用。

三　高校是建设 "科技北京" 的重要力量

"科技北京" 的建设需要社会各个阶层的共同努力，而北京高校作为人才培养、知识创新和技术创新的基地，有责任、有义务在推动 "科技北京" 建设、促进实施 "科技北京行动计划" 中做出应有的贡献。目前，高校立足自主创新，在促进 "科技北京" 建设方面发挥了重要作用，成为北京建设创新型城市的重要推动力量。实现 "科技北京" 的目标、大幅度提高自主创新能力和科技对经济社会发展的支撑能力，最关键的是要激发广大科技人员的创新活力和动力。北京作为首都和全国科技文化中心，科技人才荟萃，仅在京工作的中国科学院、中国工程院院士人数就占全国两院院士总人数的 2/3 以上。高校立足于北京丰厚的人才资源基础，充分发挥人才集聚、培养、提升的功能，为"科技北京"建设输入大量人才，为城市可持续发展献策出力。北京高校作为科研单位，充分发挥学校科研人员、专家的智力优势，使他们既作为"科技北京"的参与者和建设者，同时也作为"科技北京"的设计者和推动者，将他们的个体智慧凝结升华为集体智慧，为加快实现北京现代化发展目标起到了积极的推动作用。

创新方法工作是一项庞大的系统工程，也是一项宏大的国民素质工程，是从源头上推动自主创新国家战略实施的基础性工作。创新方法的研发与推广需要社会各阶层的共同努力，其中政府是整个创新系统的枢纽，是创新方法研发推广的长期规划者和整体协调者；企业和社会团体从市场需求出发，通过一系列的创新方法培训活动将创新方法移植到产品研发等全过程中，是整个创新系统的轴轮，是创新方法的主要推广和应用主体；高校针对市场需求信息产生新的科研成果，将创新方法新知识通过大学教育回馈大学，完善教学模式，培养创新方法人才，是整个创新方法知识的生发源泉，是创新方法推广的长远驱动器。社会各界的共同努力使创新方法工作长久、广泛地开展下去。

第三节　北京高校在研发推广创新方法中的作用[①]

高校是国家知识创新、技术创新的重要力量，是知识传播、创新和创新人才培养的生力军，高校在北京研发推广创新方法中具有不可或缺的作用。

一　输送高素质的师资人才和创新人才

在建设"科技北京"的任务中，高校肩负着为创新方法推广

---

① 张斌、陈广胜、范德林：《高校创新方法推广普及试点建设的现状及策略探析》，《科技管理研究》2010 年第 9 期，第 13 页、第 17～18 页。

普及输送师资人才和培养人才的重任，所以高校应不遗余力地创造良好环境、培养和造就富有创新精神的人才队伍和师资骨干，这也是高等教育不可替代的优势所在。同时，在知识经济时代，高校培养了大量的研究生、本科生和专科生，他们是科技创新的后备力量和创新型国家建设的重要参与者。

高校是培养和造就创新型人才的摇篮，为创新型人才的成长打下了坚实的基础。高校积聚了大批高水平的科学家和研发人员，拥有的研发人员约占全国总数的 17%，拥有的科学家和工程师约占全国总数的 17%，整个科技活动人员约占全国总数的 12%。到 2005 年，我国共培养 134 万名硕士、16 万名博士。全国硕士、博士学位授予单位中，高校分别占硕士和博士学位授权单位总数的 60% 和 70% 以上①。从 2008 年开始，我国博士学位授予数超过美国，成为世界上最大的博士学位授予国。2009 年，全国在校博士生 24.63 万名，这个数据是 1999 年 5.4 万名的 4.56 倍；2010 年，全国博士招生计划为 6.2 万人。

近几年来，高校在与同行业的紧密结合中加快师资队伍建设和创新人才培养。首先，通过创新教育观念培养了一大批高层次、开放型、复合型的创新型人才。高校的教学管理者所持的教育观、人才观直接影响人才培养的质量。不同的教学理念对大学生创新培养的作用与效果是不同的。通过创新教育观念，高校建立了新的教育观、教学观和人才观，并且在继承优秀传统教育思想的基础上，确立了全新的现代教育、教学理念，培养出了全面发展的高素质创新人才。其次，通过创新人才培养模式高效率、高质量地培养了学生的创造性思维和创新型人格。高等教育的任务是培养有创新精神和实践能力的高级专门人才。要培养创新型人才，首先需要培养人的创新精神和创新思维能力，有了创新思维，才能有创造性实践，才能有获得创造性成果的可能。高校通过创新人才培养模式激发和提

---

① 《高校：造就创新人才的摇篮》，《中国教育报》2006 年 7 月 21 日，第 3 版。

升了人的创新思维和创新能力，培养出高质量的创新性人才。最后，通过创新教育制度建立一支创新型的师资队伍。创新教育要有效地培养创新人才，学生的主体性发展是关键，而教师的主导作用是根本保证。创新教育改革使教师的创新意识、创新能力得到提高，进而可以激发学生的创新意识，强化学生的创新能力。例如，中国人民大学在创新方法推广普及和高素质创新人才方面做出有益探索，他们总结出：完善学科布局，是培养创新型人才的可靠基础；促进学科的交叉和综合，是培养创新型人才的有效途径；建设具有创新思维和创新能力的师资队伍，是培养创新型人才的重要保证；倡导"大气"的学术氛围，是培养创新型人才的丰厚土壤；营造鼓励创新的校园文化，是培养创新型人才的有利条件。这些经验是值得其他高校学习和借鉴的。

二　创造高水平的科研成果

高校是我国科技发展的重要方面军，以其人才云集、成果丰硕、学科齐全而独领风骚。同时，高校科技正在迅速成为科技创新研究的生力军。随着"科技北京"建设事业的不断发展，科技创新相当一部分重点工作将落到高校的肩上。同时，高校学科门类齐全，学术思想活跃，蕴藏着巨大的人力资源潜力，能够有效地将创新方法研究纳入已有科学研究体系，突破传统的思想禁锢，在科学研究中实现对科学思维、科学方法和科学工具的体现和运用。因此，高校有能力不断适应北京经济社会发展的要求，立足于自身的特色和优势，自觉参与北京创新体系的构建并积极推进北京创新方法推广普及工作，实现和产出更多先进的创新成果，开拓更为广阔的科研空间。

高校在高新技术研究及其产业化方面取得了重大突破和进展，特别是北京高校在这方面的作用更为突出。如清华大学的 CIMS 研究获得了国际学术权威机构美国制造工程师学会颁发的 CIMS 应用与开发"大学领先奖"①，为我国制造业变革打下了一定的基础。高校不仅为社会源源不断地提供研究成果，输送大批科技人才，成为企业发展高新技术产业的知识、技术和人才的不竭源泉，而且高校还直接孵化科技产业，是孕育高新技术产业的强大母体。如北京大学的"方正"、清华大学的"同方"等，都是从学校生长出来的高技术企业。它们不但取得了重大经济效益，还为我国发展高新技术产业探索了成功之路，对相关产业发展也有较大带动作用。从某种意义上说，哪里有高新技术产业，哪里就有高等学校的贡献。特别在科技实力雄厚的高校周边，科技园、软件园及其他各种科技产业群体正在蓬蓬勃勃地不断产生和兴起。

北京作为国家的政治、经济、文化中心，有各个层次的高校80多所，其中有清华大学、北京大学等全国最高水平的高校。北京高校中参与科技活动的中高级职称教授约2万人，国家级研究基地69个，省部级重点实验室约171个，国家工程研究中心36个②，承接了国家和企事业单位大量的科技研究课题。依托学科与人才上的优势，北京地区高校能为创新方法推广普及创造高水平的科研成果。要使高校的科技成果真正转换为生产力，必须进行科技成果转化工作。自北大方正、清华同方等校有科技企业异军突起后，高校科技成果就一直被认为是高、新、尖技术成果的重要源泉，人们把高校科技成果转化看成振兴科技、振兴经济的重要途径之一。在高校成果转化的实践中，各个高校形成了各自的特色和优势。北京大学的校企合作中心模式成果显著。北京科技大学面向行业、发挥行业优势的成果转化模式也产生了较大的影响。

同时，高校也善于集成应用相关信息，独立研制出我国急需的高技术产品，以代替价格昂贵的进口产品。高校信息资料丰富，有

① 张酉水：《充分发挥高等学校在技术创新中的重要作用》，《研究与发展原理》2000年第2期，第1页。

② 魏新亚、张武军：《北京高校科技成果转化创新模式的探索》，《科技管理研究》2008年第12期，第239页。

利于推进产学研的合作。高校图书馆的规模、水平、管理等方面在地方堪称一流，学术性、普及性期刊的种类和数量都比政府科研机构、企业丰富得多。高校一般设有图书馆学、情报学、档案学等相关专业，一大批优秀人才投身图书情报系统的研究与管理，建立了以计算机网络为载体的图书资料系统，其发展趋势是建立区域性乃至全国、全球联网的图书情报系统。为了共享高校之间的信息资源，北京的33所高校联合起来，成立了首都高校科技信息网。另外，随着研究生教育的发展，一些工作在第一线的科技人员、管理人员、营销人员走进课堂，这些"兼读制"学生成为高校密切联系社会各行各业的重要人力资源，可以及时准确地传达信息，便于实现产学研结合，促进科技成果较快地转化为现实生产力。

三 搭建创新方法研发平台

高校具有基础研究创新平台、成果转化和工程化研发平台，这是开展技术创新方法研究工作的有力载体。基础研究创新平台是高校优势的体现，也是国家科技创新平台的核心部分，主要包括国家实验室、国家重点实验室、省部级重点实验室。成果转化和工程化研发平台属于应用研究与高新技术产业化方面的平台，能够促进高校与社会各界开展广泛和直接的联合，加强高校与企业之间人员以及信息的流通，实现高校创新方法普及成果的快速产出、转化和普及。

近年来，随着国家科技体制和教育制度的改革，高校在原有实验室的基础上，合并、重组或新建了一大批与国家和省部级重点学科相对应的国家和省部级重点实验室。这些实验室通过实行"开放、流动、联合、竞争"的管理和运行机制，在加强科研环境和条件建设的同时，集聚了大量的高素质人才，进一步确立和凝练了学科方向，现已成为布局更加合理、互有分工、各有侧重的国家实验室体系的重要组成部分。因此，在国家科技创新中，高校不仅是培养人才和开展基础研究的重要基地，同时也是进行学术交流、获取原创性关键技术和自主知识产权、推进科技成果转化、为国家经济建设服务的试验基地和创新平台。目前，全国 61.7% 的国家重点实验室在高校。国家重点实验室计划从 1984 年开始组织实施，近年得到了快速发展，现有国家重点实验室 220 个，固定人员 1 万余人，仪器设备总值 80 多亿元①，涉及数学、物理、生物、地学、信息、工程、生命科学等众多学科领域。国家重点实验室已经成为我国组织开展高水平基础研究和前沿技术研究、聚集和培养优秀科学家、开展学术交流的重要基地，在科学前沿探索和解决国家重大需求问题方面均做出了突出贡献。科技部万钢部长曾经说过，希望大企业加入重点实验室的建设，把基础研究放在实验室，鼓励企业技术人员参与实验室的研究。并且，高校也承担了相当比例的国家自然基金项目，这就为开展技术创新方法研究工作提供了有利条件。

此外，北京已经建设并在继续完善多个科技信息交流服务和技术交易平台。一是 2008 年为进一步开放首都科技资源，同时为科技重大专项和企业自主创新提供支撑服务，北京市科学技术委员会与中国科学院、清华大学、北京大学、北京师范大学、中国移动通信集团公司等 12 家开放科技资源过亿元的高校、院所和大型企业，联合共建了首都科技条件平台研发实验服务基地。在此基础上，北京市科学技术委员会结合国家和北京市重点发展领域的需求，采用行业资源分类聚集模式建立了生物医药、新材料、电子信息和能源环保四大领域共 20 个科技资源平台，并向社会发放了《首都科技条件平台科技资源开放服务目录》。二是中国科技资源共享网。2008 年在网上有 77 家专业技术服务平台的服务次数达到 10 万次以上，服务总收入达 3.3 亿元。三是北京市科协海智网 - 科技服务平台。其中包括专业化信息、项目对接、创新体系、评估服务、政

---

① 李瑞瑞、米晓、王志强：《探索高校中国家重点实验室与企业合作的途径》，《实验技术与管理》2009 年第 10 期，第 147 页。

策法规、建言献策和海智网交会等多个服务栏目。此外，还有由华夏汇泰顾问有限公司开办的中国科技企业服务网和为推动科技成果转化而成立的北京科技交流开发中心等。另外，北京还有多家技术交易中心和技术交易网，2009 年 8 月在中关村正式成立了中国技术交易所。这些以各种方式开办的科技服务与交易平台促进了首都科技信息的交流、科技成果的孵化与转化，可以成为创新方法研发推广的重要渠道和载体。

四　提供高质量的创新服务

技术创新工作是以市场为导向、以企业为主体、以效益为中心的社会性活动，但这并不是忽略高校作为科技力量重要方面军的作用，高校需要更好地发挥科技服务功能，将技术创新与社会、企业的科技需求相结合，从而更好、更全面地服务北京经济建设和社会发展。英国前首相撒切尔夫人曾说，大学除发挥传播知识、提出新思想两个作用外，"建立科学园是使大学承担的第三个作用，就是把大学里的新发现和新思想推广到社会上、商业上，使之成为整个社会的财富"。一般来说，高校的社会服务功能是通过上游的科研机构、中游的技术中心和下游的高技术知识型公司三位一体的体制来完成的。三个层次可以同时隶属于研究型高校，也可以分别由不同的主体通过经济合作关系结成联盟。无论怎样，高校的社会服务功能是不变的。

高校为技术创新提供知识、技术和人才支撑，从而推动了企业的技术创新。首先，技术创新活动的"源头"是基础研究、应用研究以及高技术研究成果，而上述研究成果的获得有相当一部分源于高校。加上我国通过市场机制和政府调控加快了技术市场的培育和建设，让科研成果的存量和增量尽快地转化为企业需要的实用技术，产生直接的经济效益，实现科学技术的内在价值。因而我国高校大批科研成果能够迅速转化为生产力，推动企业的技术创新。以清华大学为例，据统计，清华大学每 2 天便有一项科研成果问世，

4 天左右就获得一项专利。清华大学近年完成了 3800 余项科技开发和服务项目，合同金额达 6.5 亿元，其中年创新效益在百万元以上的 208 项，向社会转让的科技成果近 400 项，转让金额 5710 万元。全校 5000 名科研人员每年承接科研项目 1500 个左右，科研经费年增长率超过 20%。其次，高校人力资源丰富，教师理论基础雄厚，学科完备，规模庞大，每年有一群生机勃勃、充满创新思想的青年学子进入高校。最后，高校提供的一个多学科综合交叉的创新学术自由氛围，易于产生新理论、新方法，易于在学科边缘、交叉地带寻找新的学术生长点，易于开辟新的研究方向和领域，能够产出更多的研究成果。由此可见，高校蕴藏着巨大的能量来为我国企业的技术创新活动输送知识、技术和人才。

高校为技术创新提供服务。高校中存在着一些科技第三产业，如中试代理机构、创业中心、咨询机构、中介机构、技术评估中心等。中试是由研究到生产的一个必不可少的关键环节，实验室成果到真正的规模生产还有一段距离，而究竟科研成果能否应用于生产领域，也就是能否带来经济效益，也要靠中试来保证。高校设置了一些中试代理机构，专门从事中间试验，以保证成果转化的成功率，降低甚至避免企业的风险。创业中心是专门为学生或教师开办公司提供创业指导和服务的，如提供金融、经营管理等方面的指导和服务，以提高他们创业的成功率。

高校在科技咨询方面有着得天独厚的条件，一些高校成立了自己的科技咨询机构，成效较为显著。还有很多高校组建了高新技术成果转化中介服务中心，从事最新科技成果的采集、储存、发布和推广，从事生产、应用领域所需科技攻关信息的收集，建立高校与产业界、金融界的沟通渠道，开展产学研成果信息交流等。

高校直接参与技术创新活动。高校直接参与技术创新活动，主要有两个方面：一是与企业联合进行技术创新；二是高校自办科技型企业。高校拥有高新技术成果、人才、设备、信息等优势，而企业拥有资金、生产、经营、销售等优势，高校与企业合作可以使二者取长补短、协调发展，从而产生新的飞跃。现今，高校大力推进产学研合作，加快科技成果的产业化，积极主动投入国民经济建设、地方经济建设的主战场，进一步加强与已建立起合作关系的各地方政府、各大企业的合作关系。高校将继续发挥在某些学科的工程领域优势，加强与工业界的联系，重视工程项目的开发工作，深入地方和企业寻找结合点，寻求有实质性的合作内容，争取与企业共赢发展。

综上所述，高校能够为创新方法推广普及输送高素质的师资人才和创新人才，创造高水平的科研成果，搭建高校的创新研发平台，以及提供高质量的科技创新服务，因而高校在研发推广创新方法方面起着不可或缺的作用。

第五章　北京高校研发推广创新方法的现状分析

北京创新方法的研发推广能够迅速提升北京的科研能力和经济实力，打造和传播"北京服务"和"北京创造"品牌，加快推进创新型城市建设。北京高校作为创新方法研发推广的主体之一，具有科研和教学等方面的优势，在创新方法研发推广中具有不可替代的地位和作用。但是北京高校在创新方法研发推广工作中所取得的成绩相对较少，仍然存在着一些制约因素有待研究和完善。

第一节　北京高校研发推广创新方法的现状

我国创新方法研究与应用已经进入加速发展时期，12个试点省市围绕创新方法研发推广展开工作，取得了一定的成效。北京的创新方法研发推广工作尚属起步阶段，北京大多数高校对该项工作没有予以充分重视，高校开展创新方法研发推广工作并不普遍。目前，北京只有少数高校建立创新方法研发队伍，部分高校在学科体系建设中引入创新方法相关内容，有些高校在本科教学中开设了创新方法课程。但总体而言，上述现象并不普遍，效果也很有限。

一　一些高校已经建立创新方法的研发队伍

北京一些高校已经建立了创新方法研发队伍。清华大学和萃智（北京）工业技术研究院强强联手，合作举办萃智（TRIZ）创新方法系列培训，培养了一批具有创新方法研发能力的高层次人才，推动 TRIZ 技术创新方法在中国的应用与发展。中国人民大学积极参与科技部创新方法专项项目研究，刘永谋教授从正面经验研究、反面破除研究和综合研究 3 个方向研究创新方法，提出创新方法研究的"助发现的方法论"，他提出"助发现方法论"的远期发展理想：把创新方法论构建成类似于系统论、信息论的横断科学。横断科学理想的实现需要一个长期的过程和天才的哲学反思，其中最核心的就是提炼出适用于普遍创新现象的基本概念①。北京科技大学积极参与北京市科委政府顾问课题"北京地区高校知识创新体系建设研究"，就如何进一步整合北京高校科技资源、促进北京高校科技成果转化进行深入研究，初步探索出北京地区高新技术成果转化新模式②。北京工业大学积极参与"首都高校科技信息网建设""北京地区高新技术成果转化新模式研究"的自然基金项目，魏欣亚等人对北京高校科技创新管理工作进行研究，指出要加强高校科技创新管理，应立足国内国际科技前沿，以"创新""知识"和"智慧财产"管理为主线，以科技人力资本为中心，加快信息化建设，创建科技管理新模式③。北京信息科技大学经济管理学院组织科研队伍，对国内外科技创新方法的研究与应用现状、高校学生科技创新能力的培育、高校创新方法推广普及试点等开展前期研究，出版了《技术创新与管理》《关于加强北京科技创新方法研究与推广的思考》等研究成果，分析了北京创新方法研究与推广的现状和问题，介绍了国内外创新方法研究与推广的动态和趋势，提出了加强北京创新方法工作的对策和建议。创新方法研发队伍是创新方法研发的主要力量。目前北京仅有少数高校组建了创新方法研发队

① 刘永谋：《创新方法研究的方法论研究》，《科技进步与对策》2010 年第 4 期，第 145~147 页。
② 赵清：《北京高校科技创新管理工作研究》，《北京工商大学学报》（社会科学版）2010 年第 4 期，第 88~90 页。
③ 魏欣亚、张武军：《北京高校科技成果转化创新模式的探索》，《科技管理研究》2008 年第 12 期，第 238~240 页。

伍，其研发工作尚处于初级阶段，这方面的状况有待改善。

二　部分高校在学科体系建设中引入了创新方法

学科是大学承载教学、科研和社会服务的基本单元，学科体系建设已经成为大学建设的核心和永恒主题。一些新兴的、边缘的、交叉的学科容易培养出创新型人才。目前，北京已有部分高校在学科体系建设中引入了创新方法。2009 年清华大学受教育部学位管理与研究生教育司批准作为承办单位，实施 8 项研究生教育创新计划项目，包括"2009 年全国博士生学术论坛（建筑学）""2009 年全国博士生学术会议（当代设计艺术理论的研究趋势）""2009 年全国研究生暑期学校（超越分子层次的化学）""2009 年全国研究生暑期学校（国际工程）""2009 年全国研究生暑期学校（应用数学）""2009 年博士生国内访学""2009 年青年导师研修班（建筑学）""2009 年研究生教育管理干部访学"。事实上，从 2003 年开始，清华大学就在优势学科、交叉学科和新兴学科积极组织开展研究生教育创新计划项目，在国家、学校、院系的共同努力下，取得了良好成效。清华大学向社会开放优质教育资源，营造浓厚的学术氛围，加强研究生与国内外学术界的交流，启发创新性思维。此外，早在 2003 年，杨存荣等人通过对清华大学院士群体创新能力的调查研究，认识到研究方法对于科学研究的重要意义和创新意识在选择研究方法以及解决研究过程中具体问题时的功效，并提出，只有通过方法上的创新，人才学研究才可能发展成为一门严谨科学的"显学"[①]。另外，清华大学以技术经济与管理学科点为基础建设了清华大学技术创新研究中心。北京科技大学结合自身的学科建设实践，围绕发挥传统学科优势，加强了科技创新平台和学科基地的建设，增强了学科创新能力。

---

① 杨存荣、汪健、林秀华等：《人才研究应当注重方法的创新》，《北京林业大学学报》2003 年第 1 期，第 77～80 页。

尽管北京已有部分高校将创新方法引入学科体系建设中，但更多高校现有的学科体系中并不包含创新方法的内容，因此不利于创新型人才的培养。比如，有些高校不重视自然科学、技术科学、社会人文科学之间的互相渗透和沟通，导致部分学生和教师往往习惯用自己熟悉的专业思维方式处理问题，研究视野较为狭窄，不能跳出本学科专业领域研究问题的思路框架，不能积极探索高深知识并与社会需求结合，难以形成创新的整体合力。这种状况急需通过建设包括创新方法内容的新型学科体系而予以改善。

三 有些高校为在校学生开设了创新方法课程

目前，北京已经有些高校推出以 TRIZ 理论和计算机辅助创新软件为基础的创新思维创新能力拓展课程，受到了众多在校大学生的青睐，为在校大学生的创新思维和创新能力的培养提供了新思路。清华大学经济管理学院和宜信公司联合主办了"资本与创新论坛"，让清华大学 2010 级 MBA 新生开学的第一课就接受"创新"教育。中国科学院自动化所团委举办了 TRIZ 创新方法实践讨论会，为学生介绍了 TRIZ 理论的由来和 TRIZ 工具的使用技巧，加强了学生关于TRIZ 创新方法的理论基础。北京大学建立了创新研究院。其中，在创新教育方面，北京大学提供国际一流的创新领域课程，开设与创新思维和方法有关的选修课程；设立本科生的创新双学位教育，开展与创新有关的交叉学科硕士生和博士生学位教育；开设面向政府、社会和企业管理者的在职继续教育和专业培训。此外，北京大学积极参与高校科学思维、科学方法教材的开发与编写工作，将技术创新方法纳入本科教学内容。北京工商大学为学生开设了计算机辅助创新及应用课程，内容包括 TRIZ 理论基础和 CAI 软件应用指导。课程规模在第一学期便超出预想，有 35 名来自 2、3 年级的学生积极报名参与学习。学期结束时，35 名学生针对 3 个既定课程共制订超过20 个概念设计级的解决方案，这些学习成果已被集结为一本具有一定创新水平的论文集。通过学习，35 名学生全部获得亿维讯集团

ITC（IWINT TRIZ Certificate）一级 TRIZ 认证。2007 年 4 月，北京联合大学在毕业设计中引入计算机辅助创新技术（Computer Aided Innovation，CAI）高校解决方案，学生全部顺利完成毕业论文撰写和答辩，并有一项成果申请了国家专利。北京理工大学开设了创新方法相关课程。北京工业大学为了广泛学习先进的创新教育理论和方法、促进 TRIZ 理论在该校的推广应用，面向全校教师和学生开展技术创新方法（TRIZ）应用讲座。北京林业大学以综合性创新型训练为主，开设了"科技创新训练"等课程。北京科技大学冶金与生态工程学院以"特殊钢冶金与技术创新"为主题开展了学术讲座，讲述了关于科技创新的方法和思路，引领学生进入创新思维的殿堂。此外，2009 年，北京成立了 16 所高校共同体，通过整合这 16 所高校的教学课程资源，实现了资源共享，为北京高校创新方法推广提供了有利的平台。北京高校 TRIZ 等创新方法课程的开设激发了学生的创新思维，提高了学生的创新能力。

　　人才培养模式的重要内容是人才培养方案，其中课程体系是核心。为了体现全面性和平衡性，以培养学生解决实际问题能力和创新能力为重点的课程体系结构有利于创新人才的培养。目前，尽管北京已经有些高校为在校学生开设了创新方法课程，但是多数高校现有的课程知识体系变化不大，比较陈旧，滞后于时代和社会的发展，也不适应创新型人才对新的课程知识体系的需要。比如，公共基础课教学知识仍显不足，基础课知识更新不快；学科基础课与专业主干课教材适应性不够强；专业方向课的课程资源不丰富，跟不上科技最新进展；课程设置缺乏对学生实践能力的培养，导致学生创新能力不强；课程知识体系的优化进程还不能适应学生建构创新智能结构的需要，不利于培养学生的创新思维。这些问题需要在教育改革中予以解决。

四　较多高校开展了大学生科技创新活动

　　大学生科技创新活动是指组织引导大学生通过对科技文化知识

的学习、转化、运用和自主创造，培养其科技创新意识、创新精神和创新能力的教育实践活动，它是高校培养具有创新精神和实践能力的高级专门人才的重要途径。北京较多高校都开展了内容丰富的大学生科技创新活动，在一定程度上推动了北京大学生科技创新教育，提高了北京高校人才培养质量，增强了北京高等教育的自主创新能力。中国人民大学举办的学生"创业之星"大赛激发了学生的创新思维和创业热情。北京邮电大学在多年的学术科技创新活动的探索中，逐渐形成了以研究生学术论坛、创意大赛、创新奖和创业计划大赛为载体的学术科技活动体系，呈现参赛选手多、活动覆盖广、奖励额度大、作品质量高的特色，培育了学生的科学思维，营造了良好的学术环境和创新创业氛围。北京邮电大学建立了移动生活俱乐部，该俱乐部通过技术培训、网上交流平台、讲座沙龙和竞赛等一系列创新活动，激发了大学生的创新开放意识，推动了生活实验室（Living Lab）创新方法的普及。北京科技大学通过在专业培养方案中设置专门的、多种形式的教学环节和建设相应的科技创新培养基地等方式，建立起一套行之有效的科技创新能力培养体系，以 ACM、Intel、Microsoft Imagine Cup、NOC 等有广泛影响力的科技竞赛为依托，以设施齐备的培养基地为基础，以系统的和多样化的培养手段为支撑，逐步形成本科生科技创新能力培养的长效机制。北京林业大学为提高专项资金的使用效益，结合学校人才培养、团队建设和学科发展工作实际，设立北京林业大学科技创新计划。该科技创新计划项目主要用于支持该校青年教师、品学兼优具有较强科研潜质的研究生在科研领域的自由探索和自主创新活动，以及参与国家项目竞争前的培训。该计划的实施培养造就了一批具有鲜明创新意识和较强创新能力的高素质科技人才。北京林业大学工学院逐步确立了以科技竞赛为龙头的机电类学生科技创新活动体系。北京理工大学整合创新资源，建立了"985 工程"研究生创新教育平台，并启动实施关于加快研究生科技创新活动的专项计划。北京工业大学早在 2001 年就设立了"星火基金"，为本科生的科研探索提供资金支持，2006 年创办"工程大师论坛"，邀请院士、总工程师、总建筑师、总裁等做报告 420 场，到场听众达 5 万多人次。

尽管北京较多高校开展了丰富的大学生科技创新活动，并取得一定成效，但是也存在一些问题，成为影响其向纵深发展的"瓶颈"。首先，大学生对科技创新活动的价值性认识存在偏差。北京部分高校学生在科技创新活动中过于追求论文数量和科技奖励，而不愿进行系统性的长期研究。其次，大学生科技创新活动的激励机制不健全。一方面，较为重视传统的物质精神奖励，而忽视了课程、学分以及学生评价制度的革新，学生科技创新激励机制尚未真正形成；另一方面，由于以论文发表、获奖、申请专利、转化效益等固定标准来衡量学生科技创新活动成果，虽然形成对学生科技创新的激励机制，但这种激励太过于苛求、标准相对较高，让大部分学生望而却步，不利于调动广大学生的积极性和扩大参与面，无法形成科技创新的校园氛围。最后，北京部分高校对大学生科技创新活动的人、财、物投入不足，在很大程度上制约了学生科技创新活动层次与质量的同步提高。

总之，在建设创新型城市、建设"科技北京"的进程中，北京部分高校将创新方法与教研活动相结合，营造了较为宽松、活跃的创新文化氛围。但是总体而言，大多数高校对创新方法的研发、推广普及工作关注和重视不够，既不重视科学思维的培育、科学方法的提炼总结和宣传教育，也不重视科学工具的开发应用。北京高校与试点省市高校相比在研发推广创新方法方面还存在较大差距，与科技北京建设的要求相距甚远。

第二节　北京高校研发推广创新方法的制约因素

北京高校在创新方法研发推广中具有人力资源丰富、科研基础扎实、面临教育改革契机等优势，而且在研发队伍培育、学科体系建设、教学课程设置、创新活动开展等方面做了一些工作，取得了初步成效。但是北京高校创新方法研发推广工作中仍存在一些制约因素，使北京高校所具有的得天独厚的优势难以充分发挥，分析和解决这些制约因素是下一阶段工作的重点。

一 教育模式不适宜创新方法推广普及工作

长期以来，高校以应试教育为主，灌输式、记忆式和标准式的教学方法抑制了学生的创新思维和创新精神。北京大多数高校只重视学科专业知识的传授而忽略或缺少科学思维、科学方法方面的引导和训练。传统的单一分数制导致学生重理论轻实践，进而造成学生毕业就业难、实际工作能力差、没有创新才能、综合能力素质达不到应有要求。随着创新方法逐步被引入北京高校创新能力培育教育中，北京部分高校传统教育模式的弊端日渐凸显，创新教育方面的问题也已暴露，这些都不利于创新方法的推广普及。

（一） 传统教育存在的弊端

传统教育提供受教育者结论性的东西，注重让受教育者被动地接受、储存和积累知识，强调教学的统一性，进行低标准的全面平推，培养"应试型""知识型"人才。传统教育模式忽视学生创新思维和创新能力培养，不利于创新方法研发推广。

首先，传统的教学评估吸引高校太多的注意力，导致对创新教育的忽略。高等教育非常发达的国家比如美国不存在全国统一的高校教学评估，因为各个大学在长期的教学实践中逐步形成并自觉应用了适合自己情况的教学评估体系。但是在中国高校中，全国性的教学评估活动一直如火如荼地开展着。教学评估主要通过高校相关指标的统计，包括高校的四六级通过率、学生就业率、教师学位职称比率、发表论文数等，通过采访有关师生、查阅有关原始教学资料、召开有关专家评审会议，最终给出一个评估结果。教学评估在一定程度上有积极意义，但是仅从某些数据和短期访谈得出的评估结果能否真正反映教研质量和水平是值得商榷的。目前北京大多数高校过多地注重教学评估的结果，在实践中更多的是做形象工程，而忽视了教学质量的真正提升。领导关注短期效益而不是长期发展，从而忽视了对创新方法的引导；教师关注自己发表论文的数量而不是质量，从而忽视了创新方法的提炼和推广；学生关注自己的分数而不是创新能力，从而忽视了对创新方法的学习和实践。

其次，北京大多数高校定位不合理，阻碍了创新资源的整合，不利于创新方法的研发推广。《国家中长期教育改革和发展规划纲要（2010～2020年）》明确提出："建立高校分类体系，实行分类管理。发挥政策指导和资源配置的作用，引导高校合理定位，克服同质化倾向，形成各自的办学理念和风格，在不同层次、不同领域办出特色，争创一流。"然而，通过"北京高等学校分类与定位研究"课题组对北京56所本科院校进行的调研分析不难看出，北京高校在发展目标上大多存在求高、求大、求全的倾向，学校定位趋同、办学特色不突出的现象依然较为明显[①]。这种趋同现象对高校发展产生不利影响，一方面，导致北京各高校生存和发展所需资源重复较多，致使各高校之间资源竞争加剧，不利于资源的整合和创新方法的共同研发推广；另一方面，北京拥有的高校虽多，但因发展定位不明确，均未在创新方法研发推广工作中发挥各自的作用。北京的研究型大学没有在提炼具有普遍意义的创新方法方面发挥作用，普通大学没有在推广和普及创新方法方面发挥作用，这些都与高校发展定位不合理有关。

（二）北京创新教育存在的主要问题

创新教育是以培养人的创新意识、创新精神和创造能力为基本价值导向的教育，是推进高校素质教育的重要环节，同时也是实现素质教育的基本途径和有效方法。创新教育提倡探索众多的设想方案，进行选择与决策，注重使受教育者主动地探索、获取知识，强

---

① 雷庆：《加强政府分类指导促进北京高校科学定位》，《高教发展研究》2010年第543期，第17～18页。

调教学的差异性和实现高标准的选择性突破，培养"创新性""素质型"人才。

实施创新教育不仅要求学生学会学习，而且更重要的是要培养学生学会创新，因为创新是 21 世纪知识经济时代人才的主导素质。只有使广大学生在学会学习的基础上进一步学会创新，培养出大批具有创新能力的高素质人才，我们国家才能实现诺贝尔奖科学领域"零"的突破，我们中华民族才能在新的世纪、新的千年巍然屹立于世界先进民族之林！目前北京高校普遍重视创新教育的开展，在创新教育方面做了大量的改革与尝试，取得了可喜成绩，形成一些行之有效的方法，为创新方法研究推广提供了经验。但长期以来，素质教育和创新教育仅停留在理论宣传和行为理念上，而没有真正推进到可操作的层面上和实际教学的行动中。一些实际问题成为阻碍创新教育和创新方法操作化的瓶颈。

首先，学生的创新水平还不高。学生的知识基础和技能还没有达到掌控创新活动的水平。学生虽然极富兴趣地参与学校开展的形式多样的创新教育和创新活动，但在创新活动中学生因缺少问题意识而导致发现不了问题，即使偶然发现问题，也难以形成解决问题的专业思维，久而久之，学生容易渐渐失去创新的兴趣和动力。

其次，北京部分高校对创新教育的理解存在偏差。创新教育分为创新意识教育和创新能力教育两个方面。创新意识是指创新思维的培养，创新能力是指对所掌握知识的综合运用能力，两者相辅相成，互相促进。由于创新能力的形成需要基础知识的储备，所以创新意识要先于创新能力进行培养。高校创新教育主要侧重能力教育，通过创新教育使大学生掌握综合运用所学知识的能力，从而促进学生解决创新问题能力和水平的提升。由于认识理念的偏差，北京部分高校把创新教育的实施简单化为开设一两门创造力训练课程或是开展一些课外实践活动，这对于已经具备一定创新知识与技巧的学生无疑具有促进作用。但是创新教育绝不仅是一两门课程，它是一种思路和理念，应该作为主线贯穿到各类课程教学中。如何通过创新课程教学，既让学生掌握创新学中已有的结论和实用的方法，又让学生了解前人研究、探索的科技发展史、科技发展的前沿趋势和动态，这些是尚需完善和有待探讨的问题。

最后，北京高校普遍师资不足，教师队伍整体素质不高。创新教育要有效地培养创新人才，学生的主体性发展是关键，而教师的主导作用是根本保证。高等教育在我国已经进入大众化阶段，但绝大多数高校教师配备不足，而且教师普遍创新意识薄弱、创新能力较低。尤其是近几年北京一些高校在师资引进上一味追求教师的学历，对一些年轻教师而言，仅进行草率的岗前培训，很多教师在上课时连最基本的教学方法都不能很好掌握。以这些教师开展创新教育，教学质量差应是不争的事实。

二　教育行政部门的创新方法意识亟待加强

教育行政部门是指国家或地方政府对教育事业进行组织领导和管理的机构或部门。近年来，虽然国家积极倡导学习和推广创新方法，但是教育行政部门对创新方法相关工作的重视不够，没有在高校创新方法研发推广工作中起到有效的引导和激励作用。

导致教育行政部门对创新方法研发推广工作重视不够的因素较多。

首先，我国的高等教育行政管理体制相对落后，客观上阻碍了高校的创新和发展，不利于高校创新方法研发推广。一般而言，我国的高等教育行政管理体制具有如下特点。一是高度集权的管理体制使高校处在政府的管理下，其办学的积极性和灵活性受到很大限制，专业设置、课程开设、教师聘任等均需教育主管部门审批，学校缺乏自主发展的生机和活力。二是政府的行政职能很强，管理手段多以行政指令为主。政府不仅从宏观上进行调控，而且从微观上加以协调和管制。政府统一分配科研项目和教育资源，监督审核各高校的资金使用情况。按照一个标准办学，学校千篇一律，形成不了各自的特色和优势，不利于学生创新思维的培育。三是在我国的高校行政管理体制中，缺乏积极有效的社会监督机制。近年虽有社会中介组织尝试作为第三方来参与高教的管理，但是其本质还是政府职能的延伸，在政府的严加干预下未能发挥它应有的社会作用。总之，我国的高等教育行政管理体制仍然在一定程度上残留着计划经济体制时期的统一性和集权性。在这一管理体制下，教育行政部门缺乏对创新方法的有效引导，同时高校也缺乏对创新方法研发推广的动力，整个教育领域很难进一步搞活和加速发展。

其次，在教育改革中，当教育行政管理者和专业化的教师以对方为改革的对象时，就会导致对教育实践整体性、有机性和开放性的肢解，并相应地削弱各自的教育功能①。一方面，教育行政管理者通过管理教师来维护政策的有效性和权威性，以追求政策的效果、效率为理由彰显科层制的合理性，致使教师成为服务于行政管理的对象；另一方面，教师从源头上切断了孕育创新思想的实践，继而陷入繁杂的、程序式的技术化操作中，不断地构建封闭的专业主义领地，从而抑制了个人的责任心和创新精神。

再次，我国的高等教育行政部门在高校科研立项中存在一些问题不利于对高校创新方法研发推广的引导和激励。一是缺乏实用性。表现为关门立项，以自己手中掌握的材料、凭自己的兴趣立项，而面向市场、考虑社会经济文化建设需求的实用性立项不多。二是缺乏先进性。对当今国内外研究动态、信息及成果情况不甚了解，根据自己的偏好和感觉立项，造成低水平的重复和浪费。三是缺乏创新性。立项缺乏新意，理论和实践分离，形成的研究成果缺乏对现实的指导意义，鲜有新的突破或形成新的理论。四是缺乏学科交叉。资源分散，各自为战，无法形成特色及优势，难以承担经济社会发展急需解决的重大课题。

最后，我国的高等教育行政部门在高校科研评价中存在一

---

① 于忠海：《教育改革中行政化管理与教师专业自主博弈的反思》，《教育学报》2009 年第 1 期，第 89~93 页。

些缺陷不利于对高校创新方法研发推广的引导和激励。一是过于强调论著数量。论著报告指标在科研项目绩效评价指标体系中的权重仅次于学术创新指标，导致某些科研人员将一篇论文拆成多篇发表，甚至将一般性的教材、讲义都算作科研成果，以便应付科研绩效评价。二是科研期限缺乏弹性。一般来说，国家自然科学基金委员会对科研项目的资助期限都不是很长。在刚性科研期限的约束下一些科研人员不得不放弃对原创性科研成果的追求。三是"分批拨款"弊大于利。科研经费主管部门几乎无一例外地要求科研人员制定"科研进度"与"阶段目标"。在项目进行中，科研人员将主要精力放在被细化的阶段性预期目标的实现上，以获得下一阶段的科研经费。这容易使科研人员丧失对科研过程中的意外发现，甚至丧失潜在机遇的敏感性，致使与重大成果失之交臂。四是绩效挂钩"误导"科研。尽管人们已经普遍意识到，在评价科研绩效的过程中，对于那些没有完成预期科研成果的科研项目应该进一步区分它们是应该包容的正常科研失败，还是因为科研项目态度问题引起的不能容忍的失败。但实际上执行的是另一套制度安排——根据科研项目申请人主持的某个科研项目的评价结果"优先"或"从严"评议他们所申请的其他科研项目。这种制度虽然有助于增强科研人员的"契约意识"，但是这种"绩效挂钩"的制度却会"误导"科研人员，使他们的科研工作更多地带上"结题导向"的色彩，即将主要目标和精力放在"结题"上，而不是"创新"上。

三　高校自身对创新方法工作缺乏深刻认识

高校具有知识创新、知识传播和人才培养的三重功能，是培养科技创新与创造人才的重要基地。在建设"科技北京"这一战略任务中，北京高校中的教师、科研人员和学生具有不可替代的作用。然而，在创新方法推广普及进程中，北京高校中的教师、科研人员和学生普遍对此重视不够，成为制约北京高校创新方法推广普及工作的主要制约因素之一。

（一）高校教师对创新工作关注和认识不够

教师作为知识传播的主要力量，自身创新能力不足和对创新方法推广普及工作的关注和认识不够严重影响了北京高校创新人才的培养和创新方法的推广。

高校教师的创新能力直接关系到创新型人才培养与创新型国家的建设。所谓高校教师创新能力，是指高校教师将新颖、独到和有价值的见解运用于教育教学活动之中，发现行之有效的教育教学方法，是直接影响教育教学活动的成效和质量的各种能力要素的整合和升华①。调查表明，目前北京高校教师的创新能力与社会发展的要求还有较大差距。

北京高校教师大都注重教材的使用，但部分教师所使用的教材缺少对科学思维、科学方法的介绍和相关研究内容，使用这种教材教学致使相当比例学生的创新方法理论基础薄弱。而且教师依赖这类教科书和参考书，也就难以对学生的探究问题进行有效的引导和鼓励，致使相当比例学生的创新意识和创新能力甚为缺乏。北京高校教师注重实践教学活动的开展，但大部分围绕书本知识和理论展开，书本和教材自身的局限性使北京高校教师无法关注创新方法的推广普及工作，也很难自觉和主动地将创新方法相关知识传授给学生。即使开设了创新方法相关课程的高校，教师也只针对少数优秀学生进行教育，并认为创新方法只适合于优秀学生。事实上，学生都具备潜在的创新能力，问题在于如何使这种潜在能力得到合理的激励和开发。20 世纪初，美国心理学家威廉·詹姆斯曾提出假设：一个正常健康的人只运用了其能力的 10%。其后，奥托估计，可能只用了 4%。而开发学生的创新潜能正是对人的尚未运用能力的

① 王焕梅、王爱玲：《高校教师创新能力的制约因素探究》，《河北师范大学学报》（教育科学版）2010 年第 6 期，第 15 页。

开发，是教师的责任，是创新方法推广普及的基本任务。当然，对于不同能力和基础的学生，创新方法教育的方式应该有所不同。教育者应该因材施教，以取得较好的教学效果。

导致北京高校教师创新能力不够和对创新方法工作重视不够的因素有很多。

首先，教师创新意识不强。一方面，教师缺乏创新内在心理品质。强烈的创新心理愿望是激励高校教师致力于创新的基本内在动力。但是，相当一部分教师把教学视作谋生手段而非事业，喜欢按部就班，容忍得过且过，对习惯化、定型化的教学行为方式不想也不愿改变。另一方面，教师缺乏教育创新观念。教育作为人类有计划、有目的的一种自觉行为，是在一定思想观念指导下进行的。教育观念决定教学活动的质量与效果。传统思想观念越陈旧、影响越深厚，创新能力的产生阻力就越大。唯有教育观念的创新，才会有教育行为的创新；唯有教育行为持续创新，才会有教师创新能力的最终生成。然而，受传统观念影响，我国高等教育囿于固有的惯性思维，不愿或不敢突破前人的思维定式和传统模式，普遍存在着以知识传授为重心，以培养传承型人才为目标，以满堂通灌、照本宣科为传授手段，以考试过关为目的的现象。这种消极的心理和传统守旧教育观念，致使高校教师的挑战精神普遍匮乏。"陈述式"教学方法消磨教师的创新精神，也抑制了学生创新思维的发扬，使高校创新方法推广普及工作难以推进。

其次，评价奖励制度不尽科学。科学合理的评价与奖励制度能给那些有创新潜力的教师以极大助力。但是目前北京大多数高校教师的评价和奖励制度明显偏失。教学评价过多注重量的考核，忽视教学内容与方法的创新；过多注重知识传授环节，忽视对创新能力培养的考察。在科研评价上，侧重于教师能力等级的区分，轻视促进教师能力的发展，片面追求发表论文和完成课题数量，轻视科研成果的先进性、价值性和创新性。建立在评价基础上的创新奖励制度的奖项设置，整体呈现"重科研轻教学"甚至向科研一边倒的情况。我国已制定自然科学奖、科技进步奖、技术发明奖等奖项，但对教学创新成果的奖励却寥寥无几。与此相适应，大学教师往往相对关注科研创新，忽视教学创新。近年来高校大力推行工资制度改革，试图拉开不同级别、不同岗位教师之间的薪酬差距，但教师工资却鲜与创新绩效直接挂钩，导致工资制度对大学教师开展创新活动的激励功能丧失。现行评价奖励制度的执行结果是：履职考核流于形式，许多高校的科研正滑向"以职称评定为终极目标"的非正常轨道，浮躁和功利性严重，造假抄袭现象屡有发生，大学文化积淀薄化；一些中青年学者盲目追求"速度"，很难保持一种厚积薄发的治学心境；奖励制度呈现论资排辈和"优秀"大家轮流当的平均主义[①]。

（二）高校科研人员对创新方法工作重视不够

科研人员作为高校科技研发的核心力量，承担着高校创新方法研发推广的重要职责。北京高校的科研人员具有较强的科研能力，也具有一定的创新意识和创新能力，但是大多数科研人员对创新方法研发推广工作的重视不够。首先，科学方法游离在科学研究之外，研究创新方法学的专家和学者大多是社会科学工作者，与创新方法应用主体缺乏广泛联系，方法研究和方法普及之间存在较为严重的脱节现象。其次，行政主管部门在科研立项的政策导向方面缺乏对创新方法的关注和引导，或者说所立项目中极少涉及创新方法的相关内容，从而导致高校领导和科研人员在科学研究过程中常常忽略创新方法的存在。最后，科研人员对于基础性的科学思维方法和工具的重要性重视不够。

导致北京高校科研人员对创新方法研发推广工作重视不够的因素较多。

首先，知识产权制度不够完善。知识产权是指对智力劳动成果

---

① 王焕梅、王爱玲：《高校教师创新能力的制约因素探究》，《河北师范大学学报》（教育科学版）2010 年第 6 期，第 15～18 页。

所享有的占有、使用、分配和收益的权利，包括著作权、发明权、专利权、非专利成果权等。高校是知识产权主要产出源头之一。知识产权制度通过保护创新成果来激励持续的创新愿望，以促进经济社会发展。就创新的知识产权保护制度而言，它是高校科研人员创新行为的有效法律保障。如果高校科研人员的由科研和发明创造带来的知识产权及相关利益得到及时有效的保护，无疑也就保护了高校科研人员的创新积极性，否则创新就会失去动力与源泉。由于北京知识产权制度尚不完善，保护力度不够，因此北京高校科研人员知识产权被侵犯的案例时有发生。在北京高校内部，受评职称等利益驱使，部分科研人员的科研成果被其他科研人员抄袭、篡改，著作权被侵犯。在校企之间，北京高校在与企业联合开展技术创新过程中，有些企业利用合同签订漏洞，要么将技术转让合同变成合作开发或技术咨询合同，要么在合作项目的完成阶段独占科技成果，高校科研人员的权益被侵犯；有些高校科研人员已申请的专利及非专利创新技术被某些企业在未经授权的情形下擅自无偿使用，进行产品生产并销售，科研人员的专利权、非专利成果权被侵犯。这都已成为重挫高校科研人员创新积极性而亟待解决的问题，创新与创新方法密切相关，因此上述问题也就成为抑制北京高校创新方法研发推广的制度性障碍。

其次，组织结构错位，功能异化。一方面，目前北京大多数高校采取校、院、系三级结构。这种层级化结构造成校属各单位囿于自己的领域相对隔离，不同院、系的科研人员只能在各自归属的单位里开展科研活动，鲜见能独立出来和其他单位的科研人员开展横向联系、组建团队共同完成科研项目。这种校内各单位相互隔离的僵化机械的组织结构，使得学科之间很难真正按其内在发展逻辑进行融合，无法形成通畅的沟通渠道，信息资源也无法充分共享。在这种情况下，高校科研人员往往习惯用自己熟悉的专业思维方式处理问题，缺乏发挥个人潜力的适度空间，研究视野较为狭窄，不能跳出本学科专业领域构建研究思路框架，不能积极探索深层知识并与企业联合，难以形成科研创新的整体合力。另一方面，近年来北京高校官本位现象有增无减。从外部看，高校主要领导由行政部门任命，教育行政主管部门对高校的管理采用级别管理方式，有副部级大学、正厅级大学等。主管部门对教育行为采取自上而下的管理，这与科研创新只能自下而上的规律相违背。若不改变这种管理模式，不把更多的权力下放给学校，科研人员难以以极大的热情去从事复杂的创新活动。从内部看，在某种程度上北京高校大多数已俨然变成一个等级分明的机构，随处可见处、委、办、科等部门，一些学有所成的专家、学者和教授禁不住利益诱惑纷纷转而谋求行政职务。长此以往异化了学者的价值取向，难以建立良好的创新生态环境。

（三）高校学生对创新方法关注和认识不够

北京高校拥有大量的学生，一方面，具有创新能力的学生毕业后进入企业能够推动企业创新方法的应用；另一方面，专业基础知识较强和拥有创新思维的学生毕业后进入高校或科研院所能够推动创新方法的研发。因此，培育学生的创新思维和创新能力，加强学生创新方法理论基础，能够为北京高校创新方法研发推广储备强大的后续力量。北京高校大多数学生专业理论知识较丰富，但有关创新方法的理论基础薄弱，对创新方法缺乏正确的认识，对创新方法教育的参与积极性不够。总之，北京高校学生对创新方法的关注和认识不够。

导致北京高校学生对创新方法的关注和认识不够的因素较多。

首先，北京高校学生在创新能力方面存在意识和行动的反差。目前，北京大学生都普遍意识到在大学努力创新是有意义的事，认识到"创造力是每个大学生都有的一种潜在的自然属性"，认为创新能力已成为每个大学生明天参与竞争的资本。然而，他们仍然缺乏把想法付诸实践的创新行动力。一方面，在认识上追求创新，体现比较积极主动的精神状态；另一方面，在行动上存在执行力不强、主动作用发挥不够、投身实践的勇气和能力欠缺等消极状态。

其次，北京高校学生的创新观念与创新技能存在背离。经过长期的学习，许多大学生头脑灵活、思维活跃，会产生许多有价值的创新想法，但是他们往往由于缺少创新技能和行之有效的方法，不能将自己好的想法、观点付诸实践。创新技能是指创新主体的行为技巧和动作能力，包括新信息加工能力、动手操作能力、掌握和运用创新技法能力、创新成果表达能力及物化能力。由于北京高校学生大多长期受应试教育的影响以及单一教学方式的制约，其应试能力较国外学生具有很大的优势，但在动手能力与运用创新方法的能力方面却远远弱于国外学生。

四　北京高校有关创新方法研究的投入不足

长期以来北京高校在创新方法研究方面缺少必要的投入，这里所指投入除经费投入外，还包括人力、物力和时间方面的投入。主要表现在以下几个方面。首先，北京高校对创新方法研究的投入总量不够多。其次，北京高校对创新方法研究的投入不平衡。北京仅少数重点高校对创新方法研究予以重视并建立相关实验基地，而普通高校对创新方法研究缺乏投入；在已经展开创新方法研究的高校，仅少数优秀科研人员和学生参与研究，而其他人员对此缺乏了解；北京高校创新方法研究涉及的学科领域相对试点省市高校较窄，而且缺乏有效的整合。最后，北京高校对科学研究的投入结构不合理。大部分高校对应用性科研领域投入较多，而缺乏对基础性科研领域的长期投入。

影响北京高校对创新方法研究投入的因素较多。首先，在国家和北京科研项目的设置上，对科学思维、科学方法和科学工具研究与创新缺乏长期和稳定的直接支持，不能充分地引导与鼓励高校教师和科研人员积极参与技术创新方法研究，也导致北京高校长期以来在创新方法研究中缺少必要的投入。其次，近年来政府对北京高校的投入在大幅度增加，但是相对于美国等发达国家，政府投入总量仍然不够大。而且，某些高校把本应给教师配套的教研创新基金和平台建设经费用于学校规模扩张和校舍建设，致使一些教师因经费得不到保障不得不降低教学、科研创新工作的投入或停止创新活动。最后，教学和科研分隔直接阻碍了科研人员、教师和学生之间科研成果和科学方法的流通，也同时减少了科研经费向创新方法研发领域的流入。

第六章　北京高校研发推广创新方法的总体思路和对策建议

第一节　北京高校研发推广创新方法的总体思路

　　综合前文分析，结合国内外高校创新方法研发推广的经验，以及北京高校的自身优势和所面临的制约因素，特别是考虑到北京要建成科技创新中心和世界城市的战略目标，我们认为推进北京高校创新方法的研发推广工作的总体思路是：高校创新方法工作要紧密围绕北京市经济社会发展需求，瞄准北京建设科技创新中心和世界城市的战略目标，加大高校从事基础性研究和创新方法研发的投入，鼓励高校将研发成果公开并转移给产业界使用，引导企业参与政府支持的研究计划，联合政府、企业、高校共建产学研合作机制，按照"政府积极引导、产学研联合研发推广、社会力量支持推动"的推广路径，为高校营造重视创新方法、研发创新方法、推广应用创新方法的良好氛围和环境；针对高校的自身优势和制约因素，在高校课程设置、学科体系建设、创新实践、研发队伍等方面探索有效的改革和发展模式；通过开展技术创新方法宣传与培训、试点示范、方法研究、平台建设、师资建设、推广普及等方面的工作，力争在高校培育一大批掌握先进创新方法的创新型人才，研发出一批具有自主知识产权的科学方法和科学工具，为建设科技北京做出高校自身的贡献。

第二节 北京高校研发推广创新方法的主要途径

一 创新方法课程的设置

现代心理学和创造学的研究成果已经证明：创新理论和方法可以通过教育和训练进行传播，以促进创新环境和创新能力的形成；创新理论能够激发人们的创造精神，创新方法能够使人们更加科学和高效地开展创新活动。所以在高校开设专门的创新方法课程，普及和推广创新理论、知识、方法是很有意义的。给高校大学生开设创新方法课程要注意与传统课程的融合，在设置创新方法教育课程体系时，尽量避免过于追求知识体系的系统性和完整性，教学系统要在教授完整的专业基础知识的前提下，注重前沿的知识和创新方法的教学内容。具体可从以下几个方面着手考虑：①增大选修课程比重，以利于构建高校大学生、研究生的个性化课程体系；②优化公共基础课设置；③注重学科前沿性课程的设置；④注重研究方法类课程的设置；⑤注重课程体系的动态性，构建具有弹性的课程结构等。

开设创新方法课程可以开发和培养学生的创新意识，激发学生的创新欲望。例如，创新方法课程包括理论教学、创新案例解析与创新实践等模块。在专题选择与内容的安排上，注重问题研究的观点、方法和过程，根据学生的认知基础、思维水平、教学目标和条件设施，灵活运用各种教学手段来激发学生学习的内在动机，并在教师的启发下，以学生自主学习和合作讨论为前提，为学生提供充分自由表达、质疑、探究、讨论问题的机会，在每个学生的心中点燃创新的火花。通过课堂上对创新方法共同探究、讨论，学生的问题意识、表达能力以及分析能力可以不断提升，同时也能极大地刺激学生们的创新意识。

创新思维主要有质疑思维、发散思维、收敛思维、联想思维、逆向思维、组合思维、想象思维、知觉思维、灵感思维等形式，高校在进行创新方法课程讲解的过程中要配有相应的训练题，针对大学生的思维特点开展动态的创新思维训练。在诱导学生的发散思维上和训练大学生的联想思维上，要培养其思维的发散性和灵活性，运用收敛思维、组合思维训练来培养学生思维的深刻性，运用逆向思维训练培养学生思维的变通性。通过学习创新思维，大学生一般都能突破各种思维障碍，打破以往的思维定式，从而使他们的思考方式受到不同程度的启发[①]。

开设专门的创新方法课程能够直接、有效地增强大学生的创新意识，激发大学生的创新欲望，训练大学生的创新思维，提升大学生的创新能力，使其内在的创新潜能转化为现实，从而提高大学生的综合素质。所以，在倡导素质教育的今天，在高校设置以专门培养大学生的创新能力为主要目的的创新方法课程是非常必要的。

二　在学科体系上设置创新方法研究方向

从科研发展的角度看，高校只有把握住学科发展的趋势和学科发展的突破口，才能选准课题方向并展开研究。高水平的科研关键是要能抓住学科前沿。前沿就是学科的生长点，前沿的突破就是创新。只有紧紧围绕学科建设来展开高校的科学研究活动，科学研究才会有一个明确而集中的方向，才能凭借学科的优势和实力而独占鳌头。研究方向的选择最重要的就是要有助于形成自己的学科特色和优势。依据自身的特点与实力确定合适的研究方向是培养高质量人才和取得高水平成果的保证。

在学科上设置创新方法研究方向应突出重点，选择具有自身学科特色的研究方向。要根据国内外学科发展前沿、自身学科发展的历史和现状、教师队伍的结构，选准高校自身重点建设和发展的学

① 吴克燕、蔡洁：《高校开设创新课程的探索》，《中国成人教育》2010 年第 11 期，第 1～2 页。

科方向。一旦选准，就要"有所为，有所不为"，集中人力、物力建设重点学科研究方向。

在学科上设置创新方法研究方向，就是要强调设置创新型学科发展方向。学科特色方向的选择可以在主体部分，也可以在非主体部分。例如，理论物理以引力研究为特色，新闻学科以信息传播为特色，都取得了好的效果。要不断寻找和确立新的学科生长点。现在，学科发展变化很快，只有不断地寻找新的生长点，学科建设才能焕发生机。生长点具有时代性、灵活性和不稳定性等特点。这就要求高校不断追踪学科发展的前沿，进行前瞻性的关注和培育，使新的生长点成长并确定下来，为创新注入持久活力。

另外，我国的综合性大学以及理、工、农、医类大学多数都设有生物科学。有些大学的生物学科水平也很高，但一般涉及的专业只有：生物科学专业、生物技术专业和生物工程专业。与国外大学生物科学所设置的专业相比，我国大学生物科学设置的专业方向较少。为了适应生物科学发展的需要，充分发挥高校教学资源的优势与特色，可为生物学科设置具有创新方法性质的研究方向。我国综合性大学和农林院校中也大多设有生态和环境类的学科，有不少学校设有独立的环境类学院。面对生态环境建设非常艰巨的任务，以及它可能对人类生存产生的巨大影响，生态环境和教育、生态环境领域创新方法这类学科的设置应该进一步得到加强。

三 在创新实践中培养创新能力

学生创新能力的培养应当在理论与实践相结合的教学活动中，通过从具体到抽象、从抽象到具体的反复学习、思考、练习、实践和体会，不断总结提高，不断培养自己的创新精神和创新能力。各种各样的创新实践活动使学生增强创新意识、培养创新思维最终提高创新能力。

在实践教学中，教师设计教学问题和情境，由学生以团队为单位进行创新方案的设计，并完成所设计的方案，为大学生提供创新实践的机会。使学生动手、动脑、动口相结合，变单纯被动接受知识为主动参与课堂教学活动，使学生在创作过程中体会到创造的乐趣，从而激发他们的创造欲望，培养创新思维，提高创新能力。鼓励学生进行小的发明制作和参加教授的科研项目，并鼓励他们思考和讨论如何将其发明运用到实践生产生活中。同时积极开辟第二课堂，成立创新社团，让学生自愿参与和自主管理，举办各类形式不同的具有创新方法的创业模拟竞赛，如手工制作大赛、电子设计大赛等。这些教学活动都能锤炼学生的独立思考能力和动手能力、收集处理信息的能力、分析和解决问题的能力、语言文字表达能力以及团结协作和社会活动的能力，从而进一步提高学生的创新意识、创新能力。

四　建立创新方法研发队伍

高校应鼓励具有创新思想的研发人员撰写针对性强、实用性高的创新方法著作和培训教材，使有创新活动的企业、研究机构、高等院校等创新主体全面、系统地了解创新方法的理论、方法和应用。

2006 年国务院发布实施《国家中长期科学和技术发展规划纲要（2006～2020 年）》若干配套政策，强调"形成具有中国特色的优秀创新人才群体和创新团队"；在"长江学者奖励计划"的带动下，"楚天学者计划""珠江学者计划""闽江学者计划""天府学者计划"等一批人才计划相继实施。全国很多高校也相继出台各自的科技创新研发团队建设和管理办法，一个有利于优秀人才脱颖而出和充分发挥作用的环境氛围正在高校逐渐形成。

科技创新研发团队组建容易但持续发展难。研究型高校和应用型高校在创新团队建设方面应有不同的运营策略。研究型高校是指具有整体办学优势、全方位发展实力、雄厚科研实力和优秀科研团队的高校，一般显示出科研综合实力强、基础条件完善、学科门类齐全、学术氛围宽松、承担国家重大科研项目多等显著特点。研究型高校应依托其创新研发团队，在教育改革、学科设置、学术探索及研究开发等方面率先取得突破，带动整个教育界教学和科研水平的提升。而对于应用型高校研发队伍的建设，应注重以下方面：应用型高校不具有研究型高校的整体办学优势和全方位发展的实力，应该根据社会发展的需要和学校自身的实际，有重点、有选择地推进发展，先在某些重要工作领域、重点学科专业、重点研究领域集中力量取得突破，形成特色和优势，然后带动学校整体科研和教学水平的全面提升；科技创新研发团队要与所属行业的骨干企业建立广泛、密切的合作关系，团队通过整合自身科研优势，紧密联系企业生产实际中的重大问题开展科技攻关，努力争取获得重大科技成果并推动科技成果转化；北京高校科技创新团队要以北京市场为导向，以企业为主体，以解决首都经济社会发展中的难题为目标，发挥团队自身优势，组织联合攻关，同时努力使团队所培养的人才更好地适应经济建设的需要，形成互动多赢的良好发展局面。

另外，就是要加快研发平台以及团队文化建设，促进团队和谐发展。科技创新团队的运作离不开科研平台。科技创新平台是高校学科建设的重要支撑，是高校科技创新的重要基础，是高校可持续发展的基石，也是团队吸引高水平的学科带头人的重要场所。团队文化是推动科技创新团队合作与发展的综合力量，这也内在地要求团队文化应该是一种和谐文化，故和谐应成为团队文化的核心和主线。要实现团队和谐，就要积极加强团队成员与成员、成员与团队领导者之间的沟通，增进团结，提升士气，提高团队的凝聚力和战斗力。

五 培养创新方法师资人才

现阶段高校教师队伍素质建设不断增强，但是仍旧存在师资力量不足、科研水平不高等一系列问题，制约着我国高等院校的进一步发展。高学历者缺乏经验，而经验丰富者则有相当一部分没有高学历，因此必须培育和发挥创新人才的集成优势。一流的师资人才队伍是高校培养更多创新人才的关键，而创新方法的推广普及工作主要是由教师队伍完成的，因此培养创新方法的高素质师资人才队伍是亟待解决的核心问题。

第一，应建立多渠道引进创新人才的机制，吸引高层次创新型师资人才。从留学回国人员中引进优秀人才，使其进入我国高校教学和科研领域。从学科发展战略眼光出发，引进优质高端、具有创新思维的人才，增加高校教师队伍里优先发展学科的具有海外研究经历人员的比例是具有长远效应的积极手段。

第二，引进高层次的教师人才，增加博士、硕士研究生等高学历教师比例，增加具有企业或科研院所研究经历的教师比例。培养整个师资队伍的创新思维能力和创新实践能力，防止科研骨干学术断层的局面出现。

第三，选拔青年教师并培养其创新方法意识，建立教师教研激励制度，逐步实现教师队伍结构合理化。

第四，深入开展教师培训，结合不同层次水平的教师综合素质提升的要求，按照"重点领域、重点方向、重点单位"优先的原则，有侧重地开展各类培训。重点选择电子信息、新材料、生物医药、医疗卫生、先进制造、现代农业、城市建设与社会发展等重点领域，结合北京现代服务业、金融业、文化创意产业等有特色和优势的未来发展的重点方向，择优选择专利申请活跃的重点高校和企业等单位，推广 TRIZ 等现代创新方法，传播创新意识，培育创新型人才。

第五，由学术造诣深厚的教师组成科研能力强、素质高的高校教师群体，从而带动整个师资队伍建设。高水平的师资队伍是一所高校培养高素质创新型人才最重要的保证，高校要把传播创新方法作为提高高校教师创新能力的根本途径和提高人才培养质量的关键环节，把丰厚的人才资源作为提高高校自主创新能力的最大优势，形成科技创新与教师队伍建设及人才培养密切结合、互相促进的良性运行机制。

第三节 北京高校研发推广创新方法的对策建议

一 政府积极引导并加大对高校创新方法工作的投入

政府在创新方法研发和推广工作中发挥整体引导和协调的作用，政府的导向常常能影响和改变创新方法工作全局的态势。政府应加大对高校创新方法工作的投入力度，引导与鼓励高校科研人员积极参与创新方法推广普及行动。在国家重大科技计划以及科研项目的设置上，政府应注重对科学思维、科学方法和科学工具研究与创新的支持，开拓国家对创新方法投入的长期的、稳定增长的渠道；在相关科技计划与优先领域中，政府应超前部署对未来科技发展有引领作用的科学思维与方法的研究和创新项目；对基础研究和战略高技术研究中采用新的思路、探索新的方法以及进行工具设备创新的研究项目给予重点支持；对引领学科前沿、抢占高科技战略制高点、支撑重大技术创新、解决国民经济和社会发展重大问题的方法创新，应加大投入力度；对在方法上创新性强的小项目、非共识项目以及学科交叉项目给予特别关注和支持。在科研项目的立项与选择评价上，采用符合国际规范的科学研究评价方法，提高同行评议的水平。在科研成果评价与科技奖励上，向有重大思维创新、方法创新和工具性创新的研究成果倾斜。在国家自然科学奖、科技进步奖、发明奖中，加大创新方法在成果评价上的权重。在科研成果产业化过程中，提高我国自主研发和转化项目中创新方法和科学仪器应用水平[1]。

大学科技园是科技创新的重要增长极，也是创新方法研发和应用的主要场所之一。各级政府应从以下几个方面给大学科技园以相

---

[1] 刘燕华：《开展创新方法工作全面提升自主创新能力》，《中国高新技术企业》2007 年第 5 期，第 15～20 页。

应的政策支持：第一，明确大学科技园的性质、地位，理顺各方面关系，消除各种障碍和阻力，营造有利于大学科技园健康发展的外部环境；第二，有针对性地出台人才流动、土地使用、收入分配、劳动就业、税收物价等一系列扶持政策，推动大学科技园迅速成长，缩短园内企业创业成长周期，提高大学科技园的整体经济效益和可持续发展能力；第三，结合大学科技园的特点，建立合理的评估考核体系，制定相应的奖励政策[①]。

除此之外，政府还可组合多种社会资源推进创新方法的研发和传播工作。例如：组合利用各类学术团体的资源优势，广泛深入开展创新方法的研究和开发；将创新思维、方法和工具的研究与应用作为高校发展的考核指标，引导北京高校重视和参与创新方法的研发与推广工作；加强对科技创新方法工作的重大进展和典型案例的宣传，可联合各有关部门、企事业单位、高等院校、社会团体，充分利用平面媒体和多媒体等宣传手段，扩大宣传的领域与范围；加强科学普及和专业培训工作，鼓励高等院校和各行各业培养高技能人才，支持民间发明创造活动，促进全社会进一步增强创新意识、掌握创新方法、弘扬创新文化；总结和推广创新方法学习、应用的先进组织模式，在全社会营造更加浓厚的创新氛围。

二　吸收转化国外先进创新方法

北京高校应积极开展国内外合作交流，通过组建创新方法相关学术团体、创办学术杂志、举办创新方法国内国际论坛等措施，积极开展学术交流。引进、消化、吸收、推广应用国外先进的创新方法理念和模式，积极开展创新方法相关领域形式多样的国际合作与交流活动。寻求与国内外创新方法机构开展长期合作的机会和渠道。

[①]　谢辉、陆钢、张慧秋、张武军：《京沪两地大学科技园发展的启示与思考》，《科技进步与对策》2009 年第 24 期，第 47~50 页。

目前的应试教育体系不利于对学生创新精神和创新思维的培养，灌输式、记忆式的教学方法抑制了学生的创新思维和创新精神。国内大多数高校主要强调专业知识的传授，而缺少科学思维、科学方法方面的引导和训练。在这种情况下，借鉴国外的经验来改变我国的现状就成为创新发展的更高起点。美国从中学开始就有方法学的课程，采取互动式、启发式的教学方式，从小培育青少年的创新思维与创造力。从美国学成归国的留学人员之所以能够比其他人获得更多的机会和取得更突出的成就，主要是因为他们在美国受到良好的创新思维、模式和科学方法的培养。开展创新方法的研发与推广、强化自主创新、摒弃跟踪模仿就成为新时期创新发展的重要任务。

结合当前开展创新方法推广应用以及国际合作的实践经验，不难看出，由于国内外的文化差异，在创新方法推广普及和交流工作中存在基本定义模糊、理论阐述抽象、事例分析烦琐、基本案例陈旧和教程层次不清等国内合作人员难以理解与接受的实际问题。因此，要有针对性地对外文创新理论与方法、工具、原理进行系统分析与研究，把握其实质和内涵，进行内涵明确的翻译。同时，努力推进和实现创新方法与理论的国产化和标准化，进而从源头推进创新方法普及工作，特别是对标准化教材的编制、规范化的人才培训、国产化软件开发等重要的环节更应下大力气解决问题、实现创新。

三　打造创新方法的师资人才队伍

新型的教师队伍要有创新的意识、创新的精神以及创新的行动和实践。在现实的人事制度条件下，要建立一支开放的、高素质的教师队伍只能走合作共建之路。高校教师是高校的核心要素，教师的科研、教学和社会服务能力决定了高校的教育质量乃至整个高等教育的质量，决定着高素质创新人才培养的质量和水平，是一个国家高等教育国际竞争力的基础。同样，新型创新方法师资队伍的打造则决定着创新方法工作的质量和水平。

高校应根据自身的办学目标和条件，结合人才培养、科学研究、社会服务的责任，按照"精干、优化、高效"的原则，以学科建设需求和教学科研工作任务为依据，制订教师职务岗位设置方案，科学合理地设置教师各级职务岗位，并把师资队伍培养与定岗定编结合起来。

为提高师资队伍的整体素质，要引领高校教师积极参与创新方法的推广应用工作，提高自主创新的实践能力。高校应把创新方法人才培训作为培育师资队伍的切入点和落脚点，积极引导教师将技术创新方法推广工作与实际应用相结合，将创新方法自觉地融入科学研究的实践中。积极采取行之有效的方式和方法，努力打造和培育师资骨干。具体措施如下：为教师提供学习创新方法的机会和条件；帮助教师申报有关部门的创新方法研发项目；鼓励教师撰写有关创新方法的论文和著作；组织教师面向企业宣讲和应用创新方法。教师个体素质的提升将为高水平师资队伍建设打下基础。

高校作为人才集聚和人才培养的重要基地，责无旁贷地肩负着培养创新方法师资队伍的重要使命。要把创新型人才培养与师资队伍建设结合起来，把深化教育体制改革与教师素质提升结合起来，把创新方法推广应用与教师的实践活动结合起来，培养一支创新意识强、创新思维活跃、创新方法根底扎实的师资队伍，使他们在创新方法推广普及工作中发挥巨大的作用。

四　加强创新方法试点单位建设

在创新方法推广普及的初始阶段，发挥高校试点单位的典型示范作用并产生以点带面的效果就显得十分重要。可以选择资源整合力度大、师资力量雄厚的高校作为创新方法推广普及试点单位。各高校可根据自身学科、专业特点有选择地推进创新方法的院系试点和专业试点，在起步阶段通常选择同原始创新方法理论相适应的院系和专业展开试点，然后逐步向其他院系和专业拓展。通过试点来培育典型、树立榜样，不断总结成功经验并加以推广。要加强创新方法试点单位建设，发挥其示范引领作用，带动高校自身创新方法的推广和普及，并逐步向全社会展开创新方法的推广普及工作。

在高校创新试点中，北京高校应加快建设具有首都特色的重点学科体系。全市高校重点实施"研究生培育创新工程"，逐步构建研究生培养优质资源体系、研究生自主创新体系、研究生教育改革和实践体系、研究生质量评价体系。要积极开展论文评选、教材编写、学术交流等活动，打造"市博士生学术论坛""市研究生创新与学术交流中心"等在全国具有较大影响的创新品牌。要有计划地建设"企业研究生工作站"，推动高校和企业的资源共享和优势互补。

开展多种形式的联合共建活动，组建创新方法与创新设计北京市重点实验室、TRIZ 集成与工程应用实验室、CBT/TRIZ（Computer Based Training for TRIZ）创新能力拓展与培训教室、技术创新方法孵化基地等。要重视创新方法研究成果的出版工作，组织专家收集整理国内外公开发表的创新方法研究文献和大量外文文献，从基本原理、使用步骤、适用范围、应用效果、使用局限等方面集中比较分析多种技术创新方法，撰写并发表学术论文。组织开发具有自主知识产权、本土化的计算机辅助创新设计软件工具，出版计算机辅助创新设计平台软件著作。

五　构建创新方法研发推广的普及平台

北京拥有十分丰富的科技资源，高校院所相对集中。但是长期以来，这些科技资源存在封闭、分散、闲置甚至使用不合理的现象，缺乏有效整合和利用。高校在政府政策支持下通过建立网络化的科技资源开放服务平台和研发实验服务基地可以解决部分科技资源条块分割、利用率低和开放共享困难的难题，为创新方法推广应用提供多元化、社会化的服务。

整合高校科技资源的基本思路是：合理界定高校、政府和企业在科技资源开发转化中的职能定位；统筹规划，合理布局，加大对重点高校、重点专业、重点学科、重点实验中心、重点工程中心、重点科技人员和重点大学科技园的扶持力度，加快高校科技资源开发、转化和产业化的组织体系建设；积极利用当前创新方法工作的有利环境，引导科研工作者和广大教师将创新方法的推广普及工作与科研、教学实践相结合，将创新方法自觉地融入科研、教学实践；结合高校的学科专业，通过申报项目等方式开展相关的研究和教学工作，形成具有本土特色的创新方法理论与方法论；吸引更多高校教师对创新方法的关注和重视，营造良好的创新方法推广普及氛围，实现更多的创新成果服务企业和社会。

　　整合高校科技资源不仅意味着硬件资源的整合，更是思想观念和人才力量的整合。北京市科学技术委员会首批联合中国科学院、北京大学、清华大学和中国移动北京公司等 12 家开放科技资源过亿元且条件成熟的高校院所和大型企业，以协议的形式共建首都科技条件平台研发实验服务基地，实现和示范了资源、观念和人才的整合。此外，企业的科技资源也应纳入整合开放范围当中。例如，中国移动北京公司拿出价值 10 亿元的资源，参与首都科技条件平台建设，并首次实现向全社会开放，为电子信息领域企业提供技术支撑服务。搭建领域平台和研发实验服务基地充分实现了科技中介机构、高校院所、企业之间的有效互动。2009 年，北京市科学技术委员会投入 5800 万元，带动了 76.3 亿元科技资源，促使国家、北京市 264 个重点实验室和工程中心的仪器设备向全社会开放。这些科技资源占中央在京科技资源总量的 40%。

　　高校根据自身的研究特色和办学特点建立共享的科技创新方法推广服务平台，利用平台研究、总结、宣传和推广先进的创新方法，并将创新方法与信息技术相结合，促进创新方法在企业的实际应用。对制约企业发展的技术难题，可通过平台发挥高校科研、人才、服务优势，开展技术交流和联合攻关，解除企业发展瓶颈，提升企业的创新能力和市场竞争能力。创新方法咨询平台建设和培训平台建设还可以解决高校与企业之间资源分割的问题。一方面，企业的需求和技术项目有机会进入高校院所，解决了企业缺乏科研设备和人才资源的难题；另一方面，企业的实际需求进入高校院所，给科技人才提供了接触社会、接触企业的机会，他们可以利用科研设备和专业知识为企业解决实际问题，既提高了科研设备的使用率，又实现了自我发展。创新方法推广服务平台还是一个人才培养的平台，各类人才在平台上联手工作、拓宽视野、激发思维，也锻炼了运筹和组织能力，取得了科技与人才共生共长的效果。

六 以实践引领创新方法的研发和普及

培养学生的创新意识和创新能力仅靠课堂教学是不够的，还必须重视和加强科学实践环节。科学实践环节不但可以使学生受到实践技能和技术的基本训练，培养学生的实践能力、动手能力、应用创新方法的能力、实际解决问题的能力，而且有利于理论联系实际，帮助学生树立实事求是的科学作风。加强教学中的科学实践环节就是组织学生参与较多的实验、实习、社会实践活动、创新方法应用活动，鼓励学生积极参与课外学术活动和第二课堂活动，将人才培养与科学研究结合起来，在研究、设计、开发中培养学生的创造性思维和创新能力。

实践教学环节既包括验证性实验、生产实习等，也包括研究性、探索性、设计性、综合性实验；既包括课堂内的研讨教学、综合论文训练，也包括课堂外的实地参观、社会调查等社会实践；既包括创新方法的学习、讨论、理解，也包括在院校、企业创新活动中应用创新方法。高校在教学方法上实现创新应大力增加研究性、探索性、设计性、综合性实验，使学生发挥主观能动性，有目的地培养分析问题和应用创新方法解决问题的能力。人文社会学科应探讨本学科领域系统讲授与实践学习相结合的方式，加强实地参观和社会调查，从"小课堂"走向"大社会"，运用理论解决实践问题，又从社会实践中发现有待解决的理论问题。这种从理论到实践的反复跃迁有助于培养既有理论知识又有实际操作能力的复合型人才。

第七章　高校知识创新产学研联盟研究

第一节　产学研联盟理论与实践分析

一　产学研联盟的概念

狭义的产学研联盟中的产是指企业，学是指学校，而研则是指科研机构，事实上产学研联盟在大部分地方被称作产学研官中金的联盟，官是指政府部门，中是指中介机构，金是指金融机构，产学研是联盟的核心部分，而官中金是联盟的外围部分。本章主要针对联盟的核心部分进行阐述。因此产学研联盟就是指企业、学校和科研机构基于一定的制度和因素联系起来，相互协调，相互合作，利益共享，风险共担，实现既定目标的经济实体。1951 年，当时任斯坦福大学校长的特曼创立了斯坦福工业园——世界上第一个真正意义上的产学研结合的实体，斯坦福工业园的建立标志着产学研联盟的建立。随着经济的不断发展，产学研联盟越来越受到世界各国的重视，产学研联盟成为推动经济发展的有力助推器。

二　产学研联盟的运行模式分析

国外的产学研联盟起步较早，发展较为成熟，尤其是美国、日本、德国等科技强国在产学研联盟方面有值得我国借鉴之处，下面将分别对美国、日本、德国的产学研联盟运行模式进行分析研究，以期对我国产学研联盟的发展有借鉴意义。

（一）美国产学研模式及特点

美国建立了世界上第一个真正意义上的产学研联盟，并在此领域一直领先于其他国家。美国产学研联盟在运行机制、制度创新、联盟内部各个主体间的协调已经非常成熟，非常值得我们借鉴学习。美国产学研主要分为以下几种模式。

1. 政府与大学之间的合作

早在第二次世界大战时期，美国政府就已经开始与大学相互合作，尤其是在研发原子弹的"曼哈顿计划"和世界上第一台电子计算机的研发中，任教于大学中的科研人员更是功不可没。基于战时大学所表现的巨大潜力，战后美国政府试图将这一成功模式运用到日常的经济运行当中，创立促进经济发展的知识创新体系。美国于1971年建立的国家科学基金陆续提出了七个合作计划，旨在促进政府与大学的合作，将基础研究、应用研究和国家工业未来发展紧密联系起来，它们分别是"大学工业合作研究计划""小企业等价研究计划""大学工业在材料研究方面的合作计划""工业与大学在生物技术和高级计算机研究方面的合作计划""工程研究中心计划"等。

2. 企业与大学之间的合作

美国在大学内设立的"大学－工业研究中心"（VICRC）是近十几年来兴起的，是为了促进企业与大学的联合而设立的专门机构，该机构将基础知识、应用知识以及高科技人才的供应方——大学与需求方——企业紧密地联系了起来。其中最成功的范例便是马萨诸塞州立大学的聚合物科学和工程研究中心，与该中心合作的公司当时营业额曾高达30亿美元。而有的公司的骨干人员大部分都是大学的研究人员。在合作联盟初期，主要由政府出资，随着项目联合逐渐走上正轨，企业出资越来越多，而政府出资越来越少。马萨诸塞州立大学的聚合物科学和工程研究中心的成功为产学研今后的发展轨道指明了道路：前期由政府推动撮合，后期由企业和大学内部协调，依靠合作互助、利益共享、风险共担的良性循环解决资金问题。

3. 大学科技园模式

1951 年美国斯坦福大学建立了世界第一个科技园——斯坦福工业园。斯坦福工业园通过知识创新带动了经济发展，实现了科技与经济的相互促进。从 20 世纪 70 年代起，斯坦福工业园所在地区被称为硅谷（Silicon Valley），它不仅是一个世界闻名的地区，更代表了当地的社会经济实力，成为科技腾飞和知识创新的象征。在 20 世纪50 ~ 80 年代，在硅谷成功建立的范例指引下，在美国东北部杜克大学、教堂山北卡罗纳大学及北卡罗纳州立大学三校之间的三角地区，以及南部德克萨斯州、中西部伊利诺伊州、西南部洛杉矶等高校比较集中的地区也纷纷建立了科技园区。这些科技园区以高等院校和科研院所为依托，通过创建高新技术企业使教学、研究、生产相结合，被公认为推动科技创新、孵化和建立高新技术企业、推动地区和国家经济社会快速发展的最有效的途径之一。

（二）日本产学研模式及特点

日本是世界上仅次于美国的第二大经济强国，在产学研联盟上与美国有相似之处，但是不同也较为明显。日本号称产学官联盟，这一字之差就显露出日本模式与其他模式的最大不同。日本由"二战"后的满目疮痍迅速成长为全世界第二大经济强国，政府发挥了极其重要的作用，在产学研联盟当中也不例外。1956 年，日本通产省发布了《关于产学研合作的教育制度》的报告，1960 年日本内阁在"国民收入倍增计划"中特别强调要"重视产学研联盟"，"加强教育、研究、生产三者之间的有机联系"。1981 年日本科技厅和通产省分别确立了产学官三位一体的、以人为中心的科研体制。日本的产学研联盟模式主要有以下几种。

1. 委托研究制度

这是产学研联盟的基本模式，即高校作为受托人接受来自政府或者企业等委托人的委托，就研究方向、内容和研究成果签订合同，在规定时间内交出研究成果的产学研联盟方式。这种模式责任清楚、分工明确、成本较低，一直以来都是产学研联盟的主要模式。但是这种委托研究制度不利于产学之间的深层次交流，且由于大学的研究多是基础知识，将研究成果转化为应用知识比较困难，导致成果的转化率较低，这是许多国家的产学研联盟面临的主要问题。

2. 共同研究制度

这种模式倡导企业也参与大学的研发工作，鼓励企业的技术人员进入大学实验室等研究开发基地，与大学的研发人员平等地进行研究，以获得高水平的应用科研成果。该制度将大学的科研能力与企业的技术应用能力结合在一起。这种制度为产学之间深层次交流提供了机会，使大学的研究成果更加适应企业生产的需要，节省了成果转化的不必要成本，同时锻炼了大学的科研人员，并为大学生进入企业提供了机会。但是这种深层次合作也使合作成本加大，利益分配问题也随之而来。

3. 共同研究中心

这种制度其实是共同研究制度的升级版。为了更好地促进产学研的深层次合作，1987年日本文部省为那些重要的大学研究机构和国立大学附设研究所等配备了大型的研究设备和大量的研究资料，整合成更适宜大型化、综合化研究和面向国内及国际开放的共同研究中心。共同研究中心作为大学与产业界联系合作的窗口，既是共同研究的场所，又是企业技术人员接受高端培训的课堂。

4. 配套设施

为了促进产学官联盟的效率，日本政府还为知识流动和研究成果产业化建立了中介机构——高科技市场。高科技市场的主要工作是将大学的科研成果集合、整理、分析，选择出适合转化为产品的成果，并为这些成果产品化提供一定的资助，为科研人员代理申请专利，协助创办风险企业等。由于高科技市场依靠的是政府雄厚的财力支持，它的建立在一定程度上解决了成果产品化难的问题，促进了产学官联盟的发展。

（三）德国产学研模式及特点

与日本一样，德国为了尽快在废墟之上重振本国经济、恢复欧洲老牌强国的地位，德国政府大力发展产学研联盟，希望以知识带动经济发展，其中最为著名的两项举措就是建立佛朗霍夫联合体和斯坦贝艾斯经济促进基金会。

1. 佛朗霍夫联合体

佛朗霍夫联合体于 1949 年在慕尼黑成立，该联合体以德国历史上著名的科学家、发明家、企业家，并在科研成果和商业应用上取得重大成就的约瑟夫·冯·佛朗霍夫命名，其用意就是为了强调该联合体的本质——产学研联盟。佛朗霍夫联合体其实是众多委托合同的综合体，它现在共有 58 个研究所，研究范围涵盖信息通信、交通运输、能源、生产与制造、生物和生命科学、国家安全等各个领域。联合体与企业、政府签订项目合同，希望在政府、企业、科研机构之间建立基于利益而又通过合同紧密联系在一起的纽带，相互协作，利益共享，风险共担，共同发展。该联合体的工作重点是知识创造与知识转移，政府和企业可以从联合体得到最新的应用知识。同时，企业和政府还可以在佛朗霍夫联合体的研究所中建立实验室，与联合体的科研人员共同工作，这样既有助于相互交流学习，又做到了相互监督。佛朗霍夫联合体不仅注重知识创新，而且还把培养高水平人才作为重中之重。这样联合体不仅做到了显性知识的流动，而且还令隐性知识在联合体内部循环起来。据不完全统计，从 1971 年到 1990 年，已有 180 余名科研人员从联合体内部转移到业界工作，其中有 2/5 晋升到最高执行岗位上，其他都是作为董事会成员或者主要负责人管理公司。佛朗霍夫联合体是欧洲最为著名的非营利性应用技术研究机构。与其他私营机构相比，佛朗霍夫联合体有着巨大的优势，其中德国政府对联合体的资助占其年收入的 30%，这是佛朗霍夫模式的第一推动力。

2. 斯坦贝艾斯经济促进基金会

为尽可能发挥高技术潜力为企业技术创新服务使企业（尤其

是中小企业）从其广泛的技术转让网络中受益，斯坦贝艾斯经济促进基金会于 1971 年成立，总部设在斯图加特，是学界、业界和政界精诚合作的中枢机构。斯坦贝艾斯技术转让网络以高等专业学院科研力量为依托，涵盖 260 多个按专业设立的转让中心，拥有 4000 名科学家、工程师、经济学家和企业管理专家等。围绕广大客户、根据客户委托从事技术和产品的研发工作，比如仅在 1995 年，在该框架内就完成了 23937 个项目。

扶持中小企业在高技术领域内进行革新是斯坦贝艾斯经济促进基金会的又一项重要内容。从斯坦贝艾斯应用型计算机集成制造工艺中心与一家新成立的无名小公司间的合作经历可以看出该合作关系对中小型企业的突出意义。比如，计算机集成制造（CIM）技术是一项具有开创性的制造工艺技术，它虽然先进但始终未被中小型企业大规模采纳，原因就在于费用昂贵、专业人员匮乏。斯坦贝艾斯应用型计算机集成制造工艺中心通过众多项目证明了以不高的费用也可以成功地掌握并运用这一技术。巴克斯系统公司（Bikes system Co.）是来自德国巴登 - 巴登附近小镇伊弗茨海姆（Iffezheim）的一家成立不久的小企业，主要生产自行车零部件。该公司接受了研制新型自行车前灯的委托，在中心的帮助下，通过运用计算机集成制造技术在短短几周内顺利完成了样品快速成型工艺的关键步骤，并在极短的时间内拿出了新产品，与常规工艺相比，实际研发费用明显减少。对于该次技术转让，正如该公司经理所认为的那样："斯坦贝艾斯技术转让中心的样品快速成型技术对我们来说是一项重大的技术突破，为本公司带来竞争优势和广阔的市场前景。"

（四）国内产学研联盟发展的运行模式分析

我国产学研联盟的发展起步较晚，1992 年国家经贸委、教育部、中国科学院在全国范围内组织实施了"产学研联合开发工程"，并成立了领导小组及办公室，为我国产学研联盟的发展揭开了序幕。虽然起步较晚，但是在我国各个方面的积极努力之下，产学研联盟发展迅速，合作模式多样，研究范围较广。我国产学研联盟的主要模式有以下几种。

1. 契约式的合作模式

这种合作模式与日本的委托研究制度相似，由企业委托具有雄厚研究实力的高校或者研究院所从事某项专业的研究，企业提供运作资金与后勤保障。这种模式主要解决了企业拥有雄厚的经济基础但缺乏研究能力、高校具备从事研究的实力但资金不足的矛盾。

2. 校办企业模式

这种模式指某些有实力的高校自己出资、自办企业、自担风险、自负盈亏的产学研结合模式。这种模式的优点是高校成为联盟的当家人，可以自由选择适合自己的项目进行研究，放开了高校的手脚，使高校有了自由发展的舞台。目前国内校办企业实力排名前 5 位的是：北京大学的北大方正公司、清华大学的清华同方股份有限责任公司、北京清华紫光股份有限公司、东北大学的阿尔派软件股份有限公司、北京交通大学的产业投资管理有限公司。

3. 大学科技园模式

根据 2001 年 6 月科技部、教育部联合下发的《国家大学科技园"十五"发展规划纲要》，大学科技园是以研究型大学或大学群体为依托，利用大学的人才、技术、信息、实验设备、文化氛围等综合资源优势，通过包括风险投资在内的多元化投资渠道，在政府政策的引导和支持下，在大学附近区域建立的从事技术创新和企业孵化活动的高科技园。它是高校技术创新的基地、高科技企业孵化的基地、创新创业人才聚集和培育的基地、高新技术产业辐射催化的基地。我国现在共有 80 多家大学科技园，极大地推动了区域经济的发展。

4. 共建研究院模式

这种模式主要是企业与高校或者研究院所联合共同设立研究基地，共同研究，风险共担，利益共享。我国较为著名的共建研究院模式是 2004 年 8 月 23 日山东大学与海信集团共同建立的山东大学海信研究院。山东大学与海信集团双方主要在人才、技术、设备等方面实现共享，山东大学电子信息技术领域的部分教授将会成为海信集团的外聘教授，共同进行关键技术的研发，而海信集团的 40 多位高级工程师也会成为山东大学特聘的校外研究生导师。此外，海信集团还提供 200 万元的项目启动资金促进了研究院的发展和成果孵化。共建研究院模式是产学研联盟的高级模式，可以最大限度地发挥联盟各个主体的潜力，是以后我国产学研联盟发展的主要方向。

从上述各国以及我国的产学研联盟运行模式方面来看，美国和日本的产学研联盟模式多样化，使得产学研联盟的主体可以选择最有利于自己发展的模式展开产学研合作，使得产学研联盟网络化。德国的模式比较单一，佛朗霍夫联合体作为中心环节辐射整个国家的方方面面，统筹兼顾，与技术的需求方形成一个庞大的一对多的产学研联盟。我国的产学研联盟运行模式看似种类众多，但是并没有达到质的统一，各个主体之间壁垒重重阻碍了产学研联盟的发展。

三　产学研联盟运行机制研究

当前我国的产学研联盟虽然种类繁多，数量也较多，但是仍处于发展的初级阶段，缺乏借鉴经验，运行机制的低效已经严重阻碍了产学研联盟的发展。因此，完善产学研联盟的运行机制、提高其运行效率具有重要的现实意义。下面将继续深入研究，分析在不同的模式下产学研联盟应采取何种运行机制，从而保证联盟紧密结合、顺利运作。

（一）产学研联盟运行机制作用框架

经过研究，我们认为产学研联盟主要有动力机制、选择机制、分工机制、利益分配机制、协调机制、学习机制、法律机制、道德机制、政策导向机制九大运行机制。这九大运行机制在产学研联盟的不同阶段发挥着作用，将整个联盟成员结合在一起。产学研联盟的运行机制作用框架见图 7 - 1。

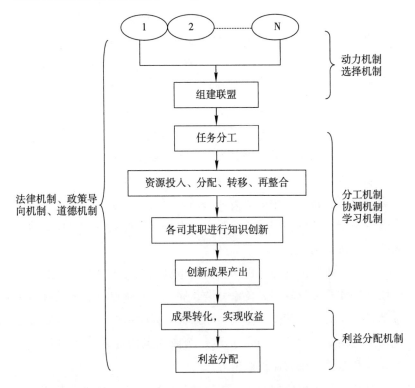

图 7 - 1　产学研联盟运行机制作用框架

　　从图 7 - 1 中可以直观地看出，产学研联盟的九大运行机制作用于联盟的各个阶段。从联盟的组建到创新成果产生之后的利益分配都有不同的运行机制在发挥作用。正是这些运行机制将原来松散的各个主体紧密地结合在了一起。接下来，将分别介绍各个机制的具体内涵和在联盟中所发挥的作用。

　　（二）产学研联盟运行机制具体分析

　　1. 动力机制

　　动力机制是指本着资源共享、合作互利、风险共担、利益共享等意愿，促进企业、高校和科研机构各个主体共同组建产学研联盟的有关影响因素、政策和运作方式等。从企业来讲组建产学研联盟的动力主要源自三个方面。

第一，市场推动力。市场需求是企业寻求合作伙伴的重要目标，以利润最大化为根本目标的企业为了占领市场、扩大营业额，企业必须进行产品创新，制造出能够满足消费者各种需求的新产品。但是企业研发能力的不足导致企业必须积极寻求长期、稳定的合作伙伴，因此市场需求推动了产学研联盟的建立。

第二，竞争压力。在市场经济的大环境之下，企业不进则退，仅仅依靠以前的旧设备、旧技术、旧工艺迟早会被社会所淘汰。为了企业的可持续发展、提高企业自己的竞争力和生产效率，企业必须进行技术革新，减少必要劳动时间，只有这样企业才能在激烈的竞争当中屹立不倒，获得长足稳定的发展，因此竞争压力也推动了高校、科研机构及企业的三方联合。

第三，政策推动力。由于我国的市场经济尚不完善，加之产学研联盟所涉及单位较多，关系复杂，联盟的构建仅仅靠市场机制来推动是不够的，尤其是一些资金投入大、风险高的项目还需要政府机构出台相应的政策来保驾护航，例如优惠的资金支持和免税政策，以及知识产权的保护政策等。

对高校和研发机构而言，组建产学研联盟的动力主要来自以下两个方面。

第一，增加科研成果的数量，提高知名度。与企业的以利润最大化为目标不同，高校和科研机构主要追求研发成果的数量，提高自己单位的知名度，以提高同行业的竞争力，因此高校和科研机构有接受外部委托进行项目研发的意愿。

第二，经费支持。高校和科研机构具备大量的人才资源、学科资源和创新成果资源，具备扎实的基础科学和前瞻性技术的科研环境，拥有优秀的师资队伍和高效的人才培养能力，是知识创新的主体，非常适合进行科研成果的研发。但是高昂的研发资金却是高校和科研机构所不具备的，而企业却正好具备了这一条件，因此资金短缺使高校和科研机构有了与企业构建产学研联盟的意愿。

2. 选择机制

产学研联盟是由多个企业、高校和科研机构基于一定的契约关系联系起来的组织，合作伙伴的选择是必不可少的重要过程，也是联盟这个大组织能够正常运行的保障。在合作伙伴的选择过程中，应该遵循以下几点规律。

第一，优势互补。产学研联盟就是为了解决高校、科研机构和企业之间的矛盾而建立起来的组织，因此在选择合作伙伴的时候一定要注意选择那些能够帮助自己发挥最大效率的企业、高校和科研机构，避免资源重复而导致联盟过于庞大，进而导致联盟内部成本增加、效率低下。

第二，文化兼容。产学研联盟内部各个合作伙伴之间能否达到文化的兼容是联盟能够行之有效的重要保证。高校、科研机构和企业在联盟建立之初应该充分尊重和包容与其他主体的文化差异性，并努力在联盟的运行过程中逐步建立互相的信任与默契，建立一种多种文化共存、相互促进、相互监督的状态。

第三，信息公开原则。在选择合作伙伴时，各方应公开自己的信息，尽力避免信息不对称问题，努力做到公平、公正、公开。企业应该公开自己的核心能力、资源优势、诚信记录，以及自己的财务状况、市场营销能力等。而高校和科研机构则应该公开自己的研发能力、人员配备、机器设备情况等。

第四，信息通畅。正如在上文中所提出的那样，保持信息交流畅通无阻是联盟运行有效率的前提之一。在选择合作伙伴时应尽力选择那些通信状况良好、能够及时进行信息交流与反馈的盟友。

3. 分工机制

分工机制就是指本着人尽其才、物尽其用、能力与所承担任务相适应的原则，对产学研联盟内部的各个方面进行任务分工、职责分工的方法、方式等。企业的优势在于对市场走势的预测和对瞬息万变的市场需求的反应能力，以及雄厚的资金基础和具有实际操作能力的技术人员。而高校和科研机构作为知识创新的核心主体拥有扎实的基础研究能力、经验丰富的科研团队、先进的实验设备、前瞻性技术研发环境和对科学的严谨态度。因此，按照分工机制的原则，产学研联盟在具体分工时，企业应重点从事研究市场走向、总体把握，并为盟友提供技术指导、资金支持以及产品销售等后勤保障工作。而根据高校和科研机构的优势所在，高校和科研机构在联盟当中应该承担起知识创新核心主体的关键性作用，从事关键性技术攻关、研究成果的试运行、为联盟成员以后的发展培养人才等任务。联盟各方面在努力完成自己任务的同时也应该加强横向交流，互相帮助，互相学习，只有这样才能使自己的努力不脱离轨道，目标一致地带动联盟发展。

4. 协调机制

协调机制是指遵照以较小的协调费用保持联盟高的运行效率的原则，以整套完善的规章制度协调联盟各方面的任务进度和各方的矛盾冲突，消除文化差异，加速文化整合，发现联盟最佳结合点，从而提高产学研联盟运行效率的方式和方法。只要联盟内部各个主体之间摒弃成见，相互协作，各尽其职，就会实现规模经济，实现"$1+1>2$"的效果。协调机制主要涉及领导、组织、执行、督察、考评、奖惩等方面的制度建立。这些规章制度主要涉及以下几个方面。

第一，要建立完善的信息披露制度，及时准确地披露各个主体的任务进度情况，以方便互相监督。

第二，要建立完善的诚信评价制度，监督联盟内部各个主体的行为，防止出现以权谋私、挪用联盟共同资源、违反联盟规章制度与合约的行为。

第三，建立起良好的激励和约束机制。要及时奖励对联盟发展做出贡献的单位和个人，以调动联盟成员的积极性；要及时制止损害联盟利益的行为，并给出相应处罚，防止此类事情再度发生。

第四，要建立起合理的民主制度，让联盟内的所有成员都能够有发言权，保证联盟内部人人平等，保证联盟所做出的决策合理、客观、全面，防止有实力的大企业独自一人说了算的情况出现。

5. 学习机制

学习机制是指在产学研联盟合作的不同阶段，针对不同类型的知识制订出相应的学习规则、制度，努力建设学习型组织的方式方法。产学研联盟当中的知识分为显性知识和隐性知识两种。所谓显性知识就是那种已形成文字、影像、声音等可被表述、转移和传递的知识，而隐性知识则是指如联盟员工的经验、技能等未被表述的知识。建立产学研联盟并不仅仅是为了企业项目的完成、高校和科研机构研发资金的获取，还为了建立一种学习型组织，提高整个联盟的学习素养。仅仅基于项目而建立起来的产学研联盟往往因为项目的完成而瓦解，只有基于知识创新和知识获取而建立起来的产学研联盟才能不断地发展下去。

因此建立完善的学习机制是关系产学研联盟生死存亡的重要任务。完善的学习机制依靠以下几个前提条件才能发挥作用。

一是选择合适的合作伙伴。在产学研联盟建立之初，应根据互补性原则选择合适的盟友，互补性越强，则盟友之间的依赖性就越强，双方的关系强度就越高，学习的意愿就越强。

二是要提升盟友的学习能力。盟友吸收知识的能力越强，整个组织的学习能力就会越强，学习机制就会发挥更大的作用。

三是要加强盟友之间的信任，消除隔阂。联盟对于知识的学习除了显性知识之外还有对隐性知识的学习，而对于隐性知识的学习不能从现成的资料当中获得，只能在人与人之间的交流中获取，因此盟友之间融洽、信任的关系有助于隐性知识的相互学习。完善的学习机制可以促进联盟的运行效率、保持联盟稳定长久地发展，所以必须加以重视。

6. 利益分配机制

利益分配机制是指遵循有理、有据、公开、公平的原则，制订产学研联盟各方收益分配情况的规则和方法。根据亚当·斯密

"理性的人"的理论，每一个人的个体理性都会以追求收益为目标。产学研联盟看似一个合作博弈，但是在利益有限性的作用之下，产学研联盟其实是一个非合作博弈，每个合作伙伴都会努力使自己的收益最大化，这种个体理性就会同整个联盟的集体理性相矛盾。正如前文所说，产学研联盟是为了实现规模效益、实现"1 + 1 > 2"的效果，但是在个体理性的作用之下，则很难实现。如同经典模型囚徒博弈一样，2 个犯人均从对自己最有利的出发点出发做出最有利的选择，结果却事与愿违。因此为了消除个体理性与集体理性之间的矛盾所带来的非合作博弈，产学研联盟必须制订必要的利益分配的规章制度加以约束。

利益分配必须解决好以下几个问题：一是研发成果的专利权和使用权；二是有关收益的分配方式问题；三是研发成果的定价问题。

关于研发成果的专利权和使用权问题，我国 1996 年颁布的《科技成果转化法》已经做了明确的说明：在一般情况下，专利权和转让权属于研究开发方，也就是产学研联盟中的高校和科研机构；出资企业享有对研发成果的使用权。《科技成果转化法》的颁布明确了产学研联盟在科技成果转化中的知识产权归属问题，使研发成果的知识产权和利益分配原则有法可依、有法可循，保证了我国产学研联盟能够健康、稳定地发展。

常见的收益分配方法主要有三种。

一是一次总付形式，即在合同约定的时间，按照合同规定的价款一次性支付给对方的方式。这种方式手续简单、快捷，但是蕴涵较大的风险，当研发成果转化出现问题，不能转化为收益时，很可能导致一方无力给付全部价款。

二是分期付款方式，即根据研发进展情况，在合同规定的不同时间，分次向对方支付全部价款。这种付款方式有利于减少风险，增强各个主体参与研发的积极性。

三是提成付款方式，即支付的价款不固定，会随着利润或者销售额的变动而变动。这种分配方式较为公平，能够使产学研联盟的各个主体确实落实利益共享、风险共担的原则，避免了企业隐瞒实际收入、弄虚作假而赢得的不当收益和因成果转化失败致使预期收益不能实现导致企业雪上加霜。

关于研发成果的定价问题则较为复杂，目前尚没有一个完善的定价模型能够解决这个问题。因此研发成果的定价问题一直是产学研联盟利益冲突的焦点问题。

利益分配问题是关系到产学研联盟生死存亡的重大问题，必须谨慎对待，在有关法律、法规允许的范围内，本着利益共享、风险共担的原则制订相应的利益分配机制。

7. 法律机制

法律机制是指国家从本国国情出发，制定的一整套规范当事人行为规范的法律法规。法律作为国家颁布的一种强制实施的行为规范，对产学研联盟的发展有重要影响，松紧适宜的法律规范可以促进并保护产学研联盟的发展，而过紧和过松的法律规范都会对产学研联盟的发展起到消极的影响。我国产学研联盟虽然起步较晚，但是国家结合我国的实际情况已经颁布了不少相关法律来规范产学研联盟的运作。目前，我国已经出台了《科技成果转化法》《科技进步法》《专利法》和《技术合同法》为主体的多项法律法规。这些法律将科教兴国、建设创新型国家提高到法律高度，并解决了产学研结合运行过程中的一些矛盾焦点，如专利权归属问题、研发成果使用权问题、利益分配问题、合同及契约必须注明的关键问题等。正如前文中指出的，产学研联盟作为一个非合作博弈，每个主体都有可能做出损害别人利益而达到使自己利益最大化的行为，而这些法律法规的颁布极大地规范了我国当前产学研联盟中各个主体的行为，使联盟中的疑难纠纷问题有法可依、有法可循，使整个联盟可以长久地运作下去。

8. 政策导向机制

政策导向机制是指各种能够促进、引导产学研联盟发展的政策

法规的集合。我国第九届全国人民代表大会第四次会议通过的
"十五"纲要突出强调:"建立企业技术创新体系,鼓励并引导企
业建立研究开发机构,推动企业成为技术进步和创新的主体;加强
产学研结合,建设一批行业共性技术的开发基地,鼓励应用开发型
科研院所进入企业或改制为企业;建立国家知识创新体系,推动知
识创新工程,促进大学和科研机构联合,形成一批具有国际影响的
科研机构。"

经过对国内外各种文献的研究、综合,发现能够促进、引导产
学研联盟发展的政策主要有以下几种:①财政政策,指的是政府运
用下拨的财政经费,资助产学研联盟,扶持联盟发展;②税收政
策,指的是对产学研联盟采取低税率或者免税的方式扶持联盟发
展;③优惠的贷款政策,指的是金融机构依据相关的政策法规,为
产学研联盟提供较低利率的贷款政策;④科技成果转化政策,指的
是政府或由政府出资组建的中介机构帮助产学研联盟实现研发成果
转化,这样可以大幅削减产学研联盟的运作成本,促进联盟的
发展。

9. 道德机制

道德风险是 20 世纪 80 年代西方经济学家提出的一个经济哲学
范畴的概念,即从事经济活动的人在最大限度地增进自身效用的同
时做出不利于他人的行动。道德机制是为预防道德风险的发生而制
定的一系列提高联盟主体素质和道德观的行为规范。

为了防范产学研联盟中的道德风险,建立完善的道德机制必须
做到以下几点:①必须建立完善的信用体系,做到联盟内信息公开
透明,在选择合作伙伴时,应该根据以往的信用记录进行评估;
②建立完善的奖惩措施,对那些为了个体利益而损害联盟利益的行
为进行严惩;③消除信息不对称,联盟内各个主体之间的行为应该
做到公开、公平,杜绝隐瞒不报、欺上瞒下的行为;④定期进行员
工培训,提高员工整体素质和道德风尚;⑤在联盟内部设立监督部
门,监督联盟的各个主体的行为规范,一旦发现违规操作,必须公

开批评。

当前，在市场经济条件下，人们往往只注重经济增长而忽视了自身道德修养的提高，使道德风险导致的经济损失有逐年增加的趋势，扰乱了正常的市场经济生活。为了产学研联盟能够健康、快速地发展，必须加强各个主体的道德修养，杜绝损人利己的行为。

从上述的分析我们不难看出：动力机制、选择机制、分工机制、协调机制、学习机制和利益分配机制是联盟的内部作用机制，对某一具体方面起作用；道德机制、法律机制和政策导向机制则是产学研联盟的外部作用机制，从总体上对整个联盟的运作进行监督和指导。我们对这九大运行机制进行具体研究，目的是为了解决为什么和怎么样建立产学研联盟的问题，是对产学研联盟模式分析的深化。无论采取何种产学研联盟模式，这九大运行机制都会在其中发挥作用，因此必须重视机制研究，只有这样产学研联盟才能真正成为知识创新的主体，才能为我国建设创新型国家贡献力量。

第二节　高校知识创新体系中产学研的博弈分析

一　高校知识创新体系中产学研模式分析

企业与高校的合作有很多模式，主要模式是企业提供资金投入、高校提供人力资本的模式。具体而言，又可以分为以下几种模式：联合开发、委托开发、技术成果转让、合作培养人才等。对个别省份的调查结果显示，企业与高校合作的主要模式中，联合开发方式占了主导地位。而联合开发的形式又包括了共建重点实验室、共建工程技术研究中心、共建技术开发中心或者联合开发中心、共建研究开发企业和共建合作研究院等。刘小真等（2010）经过调查得出了各种模式的比例（见图7-2）。

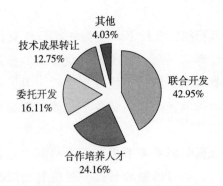

图 7 - 2　产学研合作形式百分比构成

从图 7 - 2 中可以看出，联合开发方式占的比例最大，因此产学研合作中的联合开发方式是我们需要研究的重点。接下来，我们将谈论在联合开发方式中各自的角色以及影响高校和企业合作的因素。

二　高校知识创新体系联合开发方式中的角色

（一）高校的角色

在与企业的合作过程中，高校的角色被认为有两种。第一种观点认为高校是被动的响应者。Pearce（1999）指出，在产学研合作中，高校应当响应企业社团的需求，因为商业是商科教育的主要消费者，而教育改革应当是教育方和企业方合作关系的结果。第二种观点认为高校应当是创业者和研究人员的混合体。Zucker 等（1998）研究了美国的生物科技企业，结果表明高校科学家在企业的成立和成长过程中扮演了关键的角色，既扮演了企业家的角色，也扮演了研究人员的角色。

在目前科研成果市场化、商业化的要求下，高校不应该是被动的响应者，而应该是"创业者和研究人员"的混合体，应该是积极的参与者。对于科研成果的积极转化不仅符合国家的政策方向，更是对科研的进一步肯定和利用，也是增加社会福利的重要方式和手段。

（二）企业的角色

在市场经济条件下，企业应该也必须是技术创新的主体，而且企业的这种主体性必然会延伸到产学研合作的行为中。因此，《国家中长期科学和技术发展规划纲要（2010~2012年）》以及《中共中央国务院关于实施科技规划纲要增强自主创新能力的决定》提出了建设以企业为主体、产学研结合的技术创新体系的重要理论。这也指出企业在技术创新活动以及产学研结合的技术创新体系中的主体地位，说明了企业实施自主创新、参与产学研合作应该是一种自发性的逐利行为。

企业之间的战略关系是一种战略博弈关系（汪长江，2010），企业和高校之间的战略关系也可以看作战略博弈关系。在市场经济和政策鼓励下，企业越来越关注技术和知识创新，并希望通过产品和服务的发展保持自身竞争优势。为了支持这些技术活动，企业承担了研究项目。一些大的跨国企业，比如石油天然气行业、制药行业和航空业的企业提供大量资金资助高校的科研工作，这些高校遍布全球而不是仅仅局限于自己的国家。

此外，企业还是桥接科学研究和公共研究的主体。高校科研工作者通常偏好可以发表文章的研究项目，如果企业采取开放科学方式，那么企业则可以吸引高质量的学术合作者。根据 Cohen 和 Levinthal（1989）的"吸收性的能力"观点，Cockburn 和 Henderson（1998）认为企业运用"预先开放科学"这种刺激去发展规矩和技能，并进而有效运用这些规矩和技能，就能使公共研究得到发展。根据 Cockburn 和 Henderson（1998）的研究，企业不仅致力于雇用和回馈科学工作者，他们在公共部门科学中也有一定的身份地位，所以企业也鼓励公共部门科学中的工作者积极参与到学术团体中来。所以，企业在产学研合作中发挥了创新主体的作用。

三 高校知识创新体系产学研的博弈分析

(一) 博弈模型构建

基于上述分析，我们构建出高校和企业双方在联合开发项目时的博弈模型，本部分采用单阶段静态博弈分析方法对模型进行进一步的检验和证明，寻找双方的贝叶斯纳什均衡及存在的条件，并对结果进行深入的解释。

如前文所分析的，在高校与企业的合作中，知识创新联盟成功与否取决于双方的投入和收益分析。在联合开发方式中，高校有大量的人力资本和相应的知识存量，而企业可以对高校的研究与开发进行投资。在整个合作的博弈过程中，高校的战略空间包括知识的转化和不转化，这一方面取决于企业投资的概率和条件，另一方面取决于高校知识转化与否的收益。相应的，企业的战略空间包括投资与不投资，这取决于高校进行知识转化的概率和企业投资与否的收益。双方对对方信息的了解是不完全的，但可以判断对方的战略选择的概率，二者的合作实际构成了不完全信息静态博弈。简言之，本文采用单阶段静态博弈分析，寻找贝叶斯纳什均衡及存在的条件。

在高校和企业的博弈过程中，博弈模型的基本假设规定如下。

(1) 只有高校和企业两个参与主体。

(2) 博弈参与人是理性的，各自以追求自身利益最大化为目的。

(3) 机会成本的存在。对于高校来说，如果将人力资本投入知识的产业化，那么这些人力资本投入其他科研的科研成果将是机会成本；对于企业来说，如果不对高校的知识成果转化项目进行投资，则这笔资金可能用于投资其他项目赚取利润或者获得存款利息，那么赚取的利润和存款利息将是这笔资金的机会成本。

(4) 企业投资的概率取决于高校知识转化成功的概率，而高校知识转化成功的概率取决于企业投资的概率。

（二）博弈模型分析

博弈模型中相应的变量定义如下：企业投资并且高校知识转化成功后企业的利润分成为 P_1，企业为产学研联合开发项目的资金投入为 I，企业不为该项目投入而投入其他项目所获取的净利润或者存入银行的利息所得（即企业投资产学研联合开发项目的机会成本）为 O_1；高校知识成果转化成功之后可以分得的利润为 P_2，高校投入的人力资本为 H，高校如果不投入人力资本于该项目而投入其他科研项目产出的科研成果（即高校投入产学研联合开发项目的机会成本）为 O_2。最后，企业投资的概率为 α，高校知识转化成功的概率为 β。根据高校和企业收益与成本的博弈分析，我们建立高校知识创新体系联合开发方式中产学研博弈模型的支付矩阵见图 7－3。

			高校：知识转化成功	高校：知识转化失败
		概率	β	$1-\beta$
企业	投资	α	I (P_1-I, P_2-H)	II $(-I, -H)$
企业	不投资	$1-\alpha$	III (O_1, O_2)	IV (0，0)

图 7－3　高校知识创新体系联合开发方式中产学研博弈模型

根据高校知识创新体系联合开发方式中产学研博弈模型，我们知道企业的预期收益为：

$$\pi l_1 = \alpha[\beta(P_1 - I) - I(1-\beta)] + (1-\alpha)\beta O_1$$

对 α 求偏导得：

$$\frac{\partial \pi l_1}{\partial \alpha} = \beta (P_1 - I) - I(1 - \beta) - \beta O_1$$

令一阶偏导为零，可得：

$$\beta = \frac{I}{P_1 - O_1} \quad (*)$$

因此，β 即为企业收益最大时高校知识转化成功的概率，它是关于企业预期收益的反映函数，（*）式即为高校的贝叶斯纳什均衡的条件。从中可看到：高校知识创新体系中通过产学研联合开发方式进行知识创新与转化是否成功取决于以下几个条件：①企业为产学研联合开发项目的资金投入；②企业不为该项目投入而投入其他项目所获取的净利润或者存入银行的利息所得（即企业投资产学研联合开发项目的机会成本）；③企业投资并且高校知识转化成功后企业的利润分成。具体而言，可以得到如下的结论。

第一，当企业为产学研联合开发项目的资金投入增大时，高校知识转化成功的概率增大。企业为联合开发项目的投资决定了知识转化成功之后高校的利润分成多少，同时也反映了合作方企业对该项目的重视程度。因此当企业为联合开发项目的资金投入增大时，高校参与联合开发项目的科研工作人员则有更大的科研动力，并投入更多的努力，使得高校知识转化成功的概率增大。

第二，企业的利润分成及利润分成与其机会成本之差越大，高校知识转化成功的概率越小。当高校知道企业的利润分成及利润分成与其机会成本之差大于高校科研人员的分成比例时，就意味着高校方在联合开发项目中利润分成的比例较小，参与联合开发项目的高校科研人员会认为自身的努力得到低估，利润分成不够公平。因此高校科研人员对于联合开发项目的投入和努力程度相对较低，因此高校知识转化成功的概率会降低。

第三，当企业不为该项目投入而投入其他项目所获取的净利润或者存入银行的利息所得（即企业投资产学研联合开发项目的机会成本）增大时，高校知识转化成功的概率增大。企业投入联合

开发项目的机会成本较大时，如果企业仍坚持投入与高校合作的联
合开发项目，则反映了企业对于此项目的重视和信心，也表达了企
业对联合开发项目的承诺，而这也是真正的团队合作精神所在。因
此，高校也更有可能遵守承诺，努力进行联合开发项目的科研工
作，进行学术知识向产业知识的转化。当企业的利润分成与企业投
资产学研联合开发项目的机会成本的差值等于企业对产学研联合开
发项目的投资金额的时候，高校知识转化成功的概率为100%。

　　同样，根据高校知识创新体系联合开发方式中产学研博弈模
型，我们可以计算出高校从联合开发方式中的预期收益为：

$$\pi l_2 = \beta [\alpha (P_2 - H) + (1 - \alpha) O_2] + (1 - \beta)(-H\alpha)$$

对 β 求偏导得：

$$\frac{\partial \pi l_2}{\partial \beta} = \alpha (P_2 - H) + (1 - \alpha)\ O_2 + H\alpha$$

令一阶偏导为零，可得：

$$\alpha = 1 - \frac{O_2}{P_2} (**)$$

　　因此，α 即为高校收益最大时企业投资的概率，它是关于高校
预期收益的反映函数，（**）式即为企业的贝叶斯纳什均衡的条
件。从中可看到企业是否投资取决于以下两个因素：①高校如果不
投入人力资本于该项目而投入其他科研项目产出的科研成果（即
高校投入产学研联合开发项目的机会成本）；②高校知识成果转化
成功之后可以分得的利润。具体而言，可以得到如下的结论。

　　第一，当高校投入其他科研项目产出的科研成果越多，也就是
高校的机会成本增大时，企业对产学研联合开发项目的投资概率变
小。因为高校科研人员完全投入基础研究或者其他科研项目产出的
成果很大时，那么科研人员对于联合开发项目的投入努力程度相对
较低，心理承诺较低，而企业获得这些信息时，为了预防高校知识
转化的失败，企业对联合开发项目的投资概率减小。

第二，高校的利润分成越大，企业对产学研联合开发项目的投资概率越大。当企业和高校之间的利润分成中高校分成比例增大时，高校科研人员会对联合开发项目投入更大的科研热情，并争取最终的获利。当企业方了解到高校科研群体的这个信息时，便对联合开发项目最终的知识转化成功有更多的信心，因此对于该项目投资的概率就会越大。

第三，当高校在联合开发项目中的利润分成远远大于高校投入人力进行其他科研项目的产出成果时，企业投资的概率越大。当二者相等时，企业投资的概率为零。当高校投入人力进行其他科研项目的产出成果为零时，企业投资的概率为100%。具体而言，如果高校科研人员在联合开发项目中的利润分成与他们进行其他科研活动所得到的科研成果相等，高校科研人员有可能选择进行其他的科研活动而不选择联合开发项目，企业对高校的努力程度并没有信心，因此企业一定不会投资产学研联合开发项目。如果高校科研人员在联合开发项目中的利润分成远远大于他们进行其他科研活动所得到的科研成果，甚至他们进行其他科研活动的成果为零，此时高校科研人员对联合开发项目的努力程度和热情非常高，企业得知此行动，便增加对联合开发项目的承诺和信心，以至于投资的可能性增加到100%。

四 结论与展望

通过基于贝叶斯纳什均衡的博弈分析，可以得知高校知识创新体系联合开发项目中通过产学研方式进行知识转化主要有以下四种情况：第一，当企业为产学研联合开发项目的资金投入增大时，高校知识转化成功的概率增大；第二，企业的利润分成越大，高校知识转化成功的概率越小；第三，当企业不为该项目投入而投入其他项目所获取的净利润或者存入银行的利息所得（即企业投资产学研联合开发项目的机会成本）增大时，高校知识转化成功的概率增大；第四，当企业的利润分成与企业投资产学研联合开发项目的机会成本的差值等于企业对产学研联合开发项目的投资金额时，高校知识转化成功的概率为100%。

此外，高校知识创新体系联合开发项目中企业是否投资主要有以下四种情况：第一，当高校投入其他科研项目产出的科研成果越多，也就是高校的机会成本增大时，企业对产学研联合开发项目的投资概率越小；第二，高校的利润分成越大，企业对产学研联合开发项目的投资概率越大；第三，当高校在联合开发项目中的利润分成远远大于高校投入人力进行其他科研项目的成果时，企业投资的概率越大，而当高校投入人力进行其他科研项目的成果为零时，企业投资的概率为100%；第四，当高校在联合开发项目中的利润分成等于高校投入人力进行其他科研项目的成果时，企业投资的概率为零。

因此，高校和企业需要本着互相信任、双方互利的原则，在政府机构、行业协会等中介服务机构、金融和银行机构等组织的帮助和支持下，按照共赢的机制和规则进行合作与交流，合作开展技术的研究、开发与应用，实现资源的最大利用和优势互补。企业要积极融入科学研究并成为技术创新的主体，通过技术创新和开发来获取利润，引领"开放科学"的趋势。同时，对高校而言，树立高校科研人员服务社会的意识，也要不断完善高校的科研奖励评价制度，引导和激励科研人员参与产学研活动，这样才可以通过产学研联合开发项目实现高校的知识创新与应用，最终为企业发展和经济增长提供智力支持。

第八章　北京高校知识创新体系设计

第一节　北京高校知识创新体系建设的任务

"三个北京"建设、世界城市建设、中关村自主创新示范区建设是北京高校知识创新体系未来相当长一段时间内所面临的环境变化，北京市政府有关部门、企业、科研院所、科技中介机构都在对这一变化做适应性调整。面对北京创新主体、创新资源、创新文化和创新制度所起作用日益扩大这一趋势，北京高校知识创新体系面临如何进一步建设的重大课题。着眼未来，适应发展需要，应当从多个方面开展高校知识创新体系的建设。

一　明确高校知识创新体系的功能定位

目前，北京市各界对北京高校知识创新体系建设的功能定位尚没有形成共识，一般的认识是以单纯的科学研究为限。这一定位，一是不适应社会对高校为社会各种方面创新成果的时代要求；二是高校科学研究难以脱离高校人才培养职能和社会服务职能而孤立存在，在实施中也与高校人才培养职能相冲突；三是科学研究与社会实践相脱节，难以实现可持续发展格局。与高校三大职能相吻合，未来亟须明确高校知识创新体系的科学研究创新、人才培养创新和社会服务创新三位一体的功能定位。

二　建设重点转向高校基层学术组织

北京高校基层学术组织是北京高校知识创新体系存在和发展的

基础，基层学术组织决定了整个体系行为和状态。长期以来，高校基层学术组织的建设和发展问题被忽略，没有纳入政策体系当中，这直接造成了高校基层学术组织发展不足，甚至被行政化的绩效评价和考核体制予以摧毁。目前亟须从基层做起，以人为本，发展各种形式的基层学术组织，增强其自主权，丰富其功能，打下北京高校知识创新体系构建的坚实基础。

三　建立推动学术创新的制度与机制

为了适应知识经济和北京创新型城市发展的社会需要，应该为高校知识创新体系的学术创新提供激励与约束机制，鼓励自主创新、原始性创新和集成创新方面。一是要增强高校的办学自主权。以此为主旨，变革政府对高等教育的政策，包括政府资金的拨付、获得和使用方式。二是建立高校知识产权制度。"尊重劳动、尊重知识、尊重人才、尊重创造"，强化知识管理，推动知识创造。

第二节　丰富北京高校知识创新体系的功能

为了进一步提高北京高校科学研究创新的质量，需要立足国内、国际科技前沿，推动学科发展，搭建创新平台，加速知识创新与传播，强化人才培养创新，推动社会服务创新。

一　北京高校基础研究应立足国内、国际科技前沿

不同于创新型城市建设中的其他创新主体，高校主要承担学术创新功能，是知识创造与传播的源泉。位处全国首都，北京高校无论是在原始创新、集成创新方面，还是在引进、消化、吸收、再创新方面，在全国都具有举足轻重的地位。

基础研究的重大发现、理论突破往往孕育着新的知识革命，知识革命意味着知识体系、知识结构的大调整、大变革，知识体系的大变革必然引发技术和生产方面的新的发展。科技部部长万钢指

出，今天对基础研究的投资就是在播撒未来的经济社会发展的种子，明日的应用研究及商业竞争力一定是根植在雄厚的基础研究沃土中①。

北京高校作为北京创新型城市建设的重要主体，应当在基础研究上走在全国前列。作为全国省市高校科技龙头，北京高校需要切合北京城市经济社会发展需要，立足国内、国际科技前沿，在基础研究、应用基础研究领域寻求重大突破，成为北京科技原始性创新、自主创新和集成创新的主导力量，在首都经济社会发展的重点领域、在科技创新上不断实现新的突破。

二　北京高校应当大力推进学科发展

随着北京向创新型城市转变，北京经济社会处于向知识社会加速发展的进程当中，高校学科与专业也应相应变化。学科及专业是高校继承传统、创新发展的基础。北京市每个高校都应当在自身优势学科上长期、持续地努力。在现有学科建设工作的基础上，推动学科及专业发展：一是继续壮大北京各高校重点学科和专业的传统优势，形成结构和布局合理、特色和优势明显的重点学科体系；二是瞄准北京发展所需的前沿科技，打破高校和部门界限，推动学科群建设，适度调整专业设置；三是发挥北京高校多学科优势，开展具有高度灵活性和适应性的交叉学科建设，促进学科间相互渗透和交叉，培养新的学科与专业生长点。

三　北京高校应积极推动人才培养创新

经过从资本与劳动要素增长、技术进步、知识发展到人力资本发展的理论与实践演绎轨迹，经济发展学家由表及里、逐步深入地揭示了如下规律：人力资本开发及其制度支撑是经济社会发展的原动力。北京市高校科技管理工作改革开放 30 年实践中的经验和教

---

① 万钢：《基础研究是科技创新之源》，《光明日报》2008 年 3 月 4 日。

训一再表明，科教需要实现一体化。

人才培养创新是高校学术创新的重要组成部分。建立涵盖科学研究创新、人才培养创新和社会服务创新的全链条知识管理体系。在现有人才培养模式的基础上，推动人才培养模式的创新，推动科教结合，建立基于高校知识全链条的、多点的人才培养模式。

高校教师及基层学术组织的学术创新活动，以及与政府、科研院所、企业和科技中介机构进行物质与信息交流的过程就是高校创新人才培养的过程。未来高校人才培养创新需要以高校基层学术组织如院系、研究所、实验室和社会服务创新中心等创新团队的发展为中心，在这些学术组织与外部主体协同开展科学研究、社会服务的互动过程中，提升本科生和研究生的创新能力，培养北京创新型城市建设所需要的创新人才。

四　北京高校应当大力发展产学研结合组织

在北京创新型城市建设大步推进的背景下，高校成为城市创新要素聚集与创新转化的战略枢纽节点。与之相适应，需要构建以"开放共享、激励创新"为核心的产学研结合组织。加强与政府、科研机构、企业和科技中介机构的结合，创造性地推进"科研基地－创新平台"建设，以"壮大优势学科、服务首都发展"为主线，打破北京市高校界限，推动"产学研"发展，推动国际交流与合作，打造一批特色鲜明的集"科研、教育、转化、咨询、服务"于一体的创新平台，提供高效的社会服务。

第三节　重点建设北京高校基层学术组织

北京高校知识创新体系建设的传统模式是"见物不见人"的项目引导和管理模式。以往的科技管理偏重于课题管理，重视财、物的管理，重视细微的科技活动管理，而没有将管理的重点放在对科研主体的管理上，人本管理深度不足，学术组织发育不全，功能单一，这直接削弱了北京高校知识创新体系的组织基础。未来需要大力发展"以人为本"、学术自由的基层学术组织。

一 高校学术组织的发展要"以人为本"

北京高校规模巨大的教师队伍不仅是知识资本的载体，更是知识竞争力的源泉。在新时期，北京高校学术组织的发展需要大力贯彻"以人为本"的基本政策。

第一，始终把广大教师科技人员培养、延揽和开发作为北京高校知识创新体系建设的中心工作来抓，渗透到体系建设的各项工作当中。

第二，北京高校知识创新体系建设工作应从激发和调动广大教师科技人员的主动性、积极性、创造性来展开，保障教师科技人员的正当利益，尊重科技劳动所得。

第三，北京高校知识创新体系建设工作要建章立制，始终有法可依，用制度管人，按制度办事，建立相应的评价体系，营造有利于科技人员成长的良好环境和条件。

第四，北京高校知识创新体系建设工作要致力于广大教师之间、各学科之间创新力量的整合，谋求广大教师、各学科与高校发展的共赢。

第五，发挥年轻教师科技人员创新能力强的优势，为教师科技人员提供终身教育、学习的条件，发展国际合作，推动学术交流。最终做到最大限度地发挥知识资本的潜能，做到人尽其才、才尽其用，不断提高北京高校科技创新竞争力。

二 以高校基层组织的发展为中心

在传统计划经济体制模式下，各种组织是既定的或者说计划好了的。在市场经济条件下，解决各种局限性的各种组织存在发生、发展、成熟、衰落和灭亡的生命周期过程。知识经济时代和创新型城市的经济、社会和技术条件又为各种组织的兴起与没落提供了新的条件，为此新时期的北京高校知识创新体系的建设必须将高校学术组织的发展置于重要的地位。

目前，北京市在高校科技创新团队建设、科技创新基地建设方面已经率先在全国做了积极的尝试。如何理清北京高校领域学术组织如学科群、科研基地、创新平台、转化平台、科技结合、产学研结合、创新团队的定位、分工与角色从而进行合理引导已经成为北京高校科技管理中的一项重要工作。目前主要的问题在于这些团队缺乏可持续发展特性，根据本文前面的研究，根源在于具有学术自由的高校基层学术组织的发展不足，这直接影响到较高层次的创新团队、研究基地的运行及效果。未来需要将工作的重心放到高校基层学术组织的发展上来。

为了适应北京建设创新型城市的发展要求，以后需要明确"高校基层学术组织的发展"是高校知识创新体系的组织建设和发展的中心工作，不断增强基层学术组织的自主权，积极探寻增强高校基层学术组织学术自由的支撑体系。在此基础上，进一步探索"产学研结合组织""分散式多功能跨领域创新团队"等自组织演进之路。

以高校基层学术组织的发展为中心，政府以科技、科教资源整合为契机，以科技领导、规划、组织和控制信息化和网络化为手段，积极探寻北京高校知识创新体系与外部环境进行物质和信息互动的渠道和机制，满足政府、科研院所、企业和科技中介机构知识化、全球化、网络化的发展需要，适应北京向创新型城市转型的要求。

三　实施长期激励机制

田静指出，科研工作尤其是解决重大科技问题，往往需要面壁十年，心无二用。一方面，我们要求科技人员淡泊名利，清心寡欲；另一方面，他们面临很多诱惑和干扰，希望能从政策和体制上减少诱惑、消除干扰，建议取消国家奖励以外的各种政府奖励。北京高校知识创新体系也存在同样的问题。未来需要规范高校科研财政预算经费、科技奖励等激励机制，建立具有长期效应的激励机制。

第一，财政预算规范化。为高校学术组织特别是基层学术组织提供稳定的财政经费支持，简化行政审批，探索建设高校经费拨款委员会或者相似的公共机构，隔离行政干预，保障高校办学自主权，推动高校基层学术组织的学术自由。

第二，精简高校科技奖励。推动高校科技奖励制度改革，未来向少而精的方向发展。只奖励特别突出的和有长期积累的优秀人员。一是要突出奖励的激励作用同时又要减少奖励对日常科技工作的诱惑和干扰；二是使获奖指标逐渐淡出高校对教师科技人员的日常考评当中，鼓励、支持科技人员钻研专业领域的深层次课题，使科技人员在技术性努力上有足够的精力和时间保证。

第三，积极探索实施以基层学术组织为单位的、以知识产权为基础的创新公积金制度。一是要发挥基层学术组织中学术权威的作用，严格科研成果的审核；二是建立以知识产权为评价标准的科研成果评价与计量体系；三是建立具有长期激励和短期容错作用的创新公积金制度，提供利益激励。

第四节　建立推动学术创新的制度与机制

北京高校知识创新体系运行的基础是课题制。课题制强调立项及其实施过程。由于强调过程，科研项目立项耗费大量集中力量用于项目申请书的审查，项目申请书一直采取八股文的标准格式，项目论证的内容、方式、字数等都被严格规范，要求申请者设想所有的研究进程乃至最终的研究结果，花费管理者和科技人员大量的精力和时间。这种模式违背学术创新规律，强化了行政权力，弱化了学术权力，没有积极发展高校学术组织并对其实行有效的管理，难以激发高校教师的创新积极性，亟须革新。

一 从课题管理向创新管理转变

从历史演变来看，课题管理一直是北京高校科技管理的中心工作，为此建立了一整套的制度体系。在北京高等教育领域，已经有了全国领先的高校科技计划管理、科技课题管理工作体系，体系包括从计划设立到课题征集、指南、申请、评估评审、审批、任务签署，直至课题实施和结题验收各方面内容。

总结以往，北京高校在课题征集到任务签署这一开端耗费过多的时间、精力和财力而对科研结果的管理相对松散，以后可以适当放松开端管理、强化结果管理。可以探索发展拟成果购买制、创新公积金制等创新管理制度，探索立项拨款制、拟成果购买制与事业拨款制三位一体的高校市级财政经费投入体系，激发创新努力。

二 从成果管理向知识管理转变

在学术创新课题制下，知识创新被人为地分割，形成一个个以项目为载体的知识孤岛。这一模式既造成重复科研、难以产生原创性创新，又导致科研经费铺张浪费。在北京高校知识创新体系中，北京已经形成高校"知识集群"，所积累的智力资源呈现海量化、渠道多元化、载体多样化、传播扁平化态势。在此背景下，解决北京高校知识共享问题，既是应对目前课题分散和创新活动分割情况下推动知识创新的需要，也是未来知识社会时代对高校学术创新的基本要求。

为此，需要建立涵盖北京各类高校的知识管理体系及制度体系。知识管理是一个系统地发现、选择、组织、过滤和表述信息的过程，目的是改善成员对待特定问题的理解和知识再创新。因此，北京高校以后的科技管理中需要引进知识管理的理念、方法和工具，重视知识的整合、运用和更新，以科技信息共享和价值创造为目标，对科技智力资源进行发现、提取和呈现，发现隐性知识，探索学科前沿，揭示学科发展规律，丰富知识创新成果，进而开发、利用这些知识资源，进行知识再创新。北京市教育委员会已经建立"知识管理基地"，但在全市高校科技管理还未实施"知识管理"，未来还需进一步加强。

三　建立北京高校知识产权制度体系

北京高校科技创新过程中的基础设施以及科研经费大多由北京公共部门主要是北京市教育委员会来提供，高校通过前沿科学研究、人才培养创新、社会服务创新来配合北京城市经济社会发展政策，并建立产、学、研的技术交易平台以扩大技术的外溢效果，最终实现技术的资本化、产业化和社会化。

上述过程均涉及知识产权问题，目前高校在专利申请、著作权问题、人才流动中已经发生诸多知识产权纠纷诉讼。在各类主体发展的知识化、全球化、网络化背景下，高校知识产权的制度设计以及管理已经成为高校知识创新体系中的重大课题。

因此，未来应积极探索建设符合北京高校实际的知识产权占有、交易和使用的合理制度与有效组织方式。其中，特别需要积极探索政府资助项目的知识产权制度，以及联合科研的知识产权制度，为高校教师的激励与约束机制的建立提供制度保障。在此基础上，开展全市高校专利权布局、著作权的管控、商业秘密保护课题，推动各种知识产权交易的发展，提升高校科技竞争力。

第五节　北京高校知识创新体系的保障措施

一　以科技、科教、社会资源整合为契机

跨越系统、产业和部门之间的界限，整合同一领域中的产学研资源，推动产学研结合、官产学研结合，畅通科技创新的不同环节，集中攻克科技难题。各种形式的产学研结合都希望达到科研全过程中产学研之间合理分工、紧密协作这样的理想状态，科研单位

和企业都希望能真正做到这样一种状态，然而事实上产学研结合还要跨过许多沟沟坎坎，但首先需要抹平的是项目生成机制上存在的问题，在立项时就要防止不良的倾向，在此基础上不断在各个科技活动其他环节引导科技与经济的结合。

北京高校科技资源十分丰富，需要在全市层面优化高校科技资源配置的结构，拓展资源的空间，扩大资源的领域，提高资源配置的效率。北京高校需要以科技、科教资源整合为契机：一方面，开展建设性的工作，即大力开展学科群建设、科研基地建设、成果转化平台建设、科教科普通道建设；另一方面，在建设的过程中强化合作，加强北京高校之间、北京高校与中央在京高校之间、北京高校与政府其他部门之间的紧密合作，开创北京高校科技管理工作的新局面。

二　以科技领导、规划、组织和控制的信息化和网络化为手段

高校科技管理不同于科研企业、科研机构科技管理的重要特点是科技人员的分散性、高校的分散性，即科技主体及组织的松散性。北京高校科技管理存在城市交通障碍、相聚路程长、交流成本高等问题，但信息、网络设施发达的便利条件将推动北京高校科技管理（领导、规划、组织和控制）工作向信息化和网络化方向发展。

围绕高校知识创新体系各项领导、规划、组织和控制工作的开展的历史由来已久，但这些工作的开展大多依赖比较传统的会议、电话、文件（纸面）等工业经济时代的工具，不利于知识积累、转化、扩散和知识的再创新，相比信息化和网络化工具而言成本很高。在此条件下，加上科技体制和机制等因素，很多地方在科技管理上采取"一刀切"的方法，而且希望无论应用开发技术研究还是基础研究都能尽快出成果，许多科技创新管理办法实施效果实际很差，出现了诸多不适应。不同的科技活动需要不同的管理制度，

在传统的管理手段下由于信息的缺乏往往很难做到保持管理制度的弹性，难以适应创新型城市建设背景下高校科技管理工作日趋复杂化、精准化的发展要求。

目前北京高校科技管理工作在信息化、网络化方面已经拥有一定的基础，例如各个高校、科技基地绝大多数都建立了自己的网站或网页，但在全市层面高校科技资源共享、科技主体之间的互动以及高校与科技人员之间的互动还存在功能上的障碍，亟须实施信息网络设施与功能的升级，满足科技活动分类管理、分级管理、分用户、分地区管理的发展需要，防止高校科技管理出现空白地带。

三　推动北京高校科技的社会化、产业化和资本化

服务首都发展是北京市属市管高校的一个重要任务，北京高校科技服务首都经济社会发展是大学服务城市发展功能的一个重要方面。高校科技的社会化、产业化和资本化是指高校科技系统分别主要以私有技术服务于企业发展、行业共性技术服务于产业发展、公益性技术服务于城市公众利益，以不同的方式和途径服务于城市发展的不同方面。

参考文献

［1］安文铸：《从传统走向未来——德国高等教育见闻与思考》，《比较教育研究》1992 年第 5 期。

［2］安钟利、耿技：《基于"一校三体"办学体制，构建完善的科技创新平台体系，提高高校科技创新能力和水平》，《电子科技大学学报》2008 年第 6 期。

［3］〔奥〕约瑟夫·熊彼特：《经济发展理论》，何畏译，商务印书馆，1990。

［4］《北大等 10 余所高校率先试点拔尖创新人才培养》，中国新华网，http：//www.chinanews.com.cn/edu/edu － jygg/news/2010/03 － 02/2146614. shtml，2010 年 3 月 2 日。

［5］边伟军、罗公利：《基于三螺旋模型的官产学合作创新机制与模式》，《科技管理研究》2009 年第 2 期。

［6］〔德〕洪堡：《论柏林高等学术机构的内部和外部组织》，陈洪捷译，《高等教育论坛》1987 年第 1 期。

［7］董友、于建朝等：《高等学校教学与科研关系研究现状及对策》，《河北师范大学学报》（哲学社会科学版）2007 年第 2 期。

［8］〔法〕雅克·勒戈夫：《中世纪的知识分子》，张弘译，商务印书馆，1996。

［9］冯君：《基于专利信息分析的高校科技创新能力评价指标体系初探》，《科技情报开发与经济》2010 年第 10 期。

［10］冯有朋：《论以高校为单元的知识创新体系的组成》，《西北医学教育》2007 年第 4 期。

［11］傅小勇：《基于系统论的高校科技创新体系的构建思

路》，《科技进步与对策》2009 年第 16 期。

[12] 高树仁：《基于三螺旋模式的大学知识创新理论研究》，大连理工大学硕士学位论文，2008。

[13] 龚建立、阎海燕：《高校科技创新能力与区域经济的互动关系探讨》，《科技与管理》2001 年第 4 期。

[14] 苟军平、张春艳等：《关于构建高校学生科技创新体系的对策研究》，《中国校外教育》2009 年第 12 期。

[15] 何苏、袁国君、邓江明、王逊：《高校在国家科技创新体系建设中的地位和作用》，《中国高校科技与产业化》（学术版）2006 年第 S1 期。

[16] 胡剑虹：《日本高等教育制度评介》，苏州大学硕士学位论文，2003。

[17] 胡炜、夏砚博：《发挥高校科技创新优势建设有特色的大学科技园》，《研究与发展管理》2001 年第 13 期。

[18] 华中科技大学：《创建高校知识创新体系，形成科技成果转化平台》，《中国高校技术市场》2002 年第 4 期。

[19] 黄建、余为：《高校科技创新体系建设研究》，《中国高校科技与产业化》2009 年第 9 期。

[20] 黄蔚：《高校科技——国家科技创新体系的重要力量》，《科技咨询》2003 年第 9 期。

[21] 黄欣荣：《贝塔朗菲与复杂性范式的兴起》，《科学技术与辩证法》2004 年第 4 期。

[22] 江苏省教育厅：《江苏省开展技术创新方法试点工作》，《华东科技》2009 年第 11 期。

[23] 姜晓燕：《俄罗斯建设创新型高校的背景与措施》，《大学研究与评价》2008 年第 2 期。

[24] 蓝祥龙、谢南斌：《基于 AHP /DEA 的高校科技创新能力评价指标体系研究》，《江西师范大学学报》（哲学社会科学版）2010 年第 1 期。

［25］ 郎群秀：《威斯康星思想对我国地方高校社会服务职能的启示》，《教育探索》2008 年第 12 期。

［26］ 李俊龙：《企业内知识共享与知识创新螺旋过程研究》，重庆大学硕士学位论文，2012。

［27］ 李荣德：《主动融入国家科技创新体系，推动行业背景地方高校跨越发展》，《中国高校科技与产业》2009 年第 4 期。

［28］ 李瑞瑞、米晓、王志强：《探索高校中国家重点实验室与企业合作的途径》，《实验技术与管理》2009 年第 10 期。

［29］ 李秀勤：《欧洲中世纪大学的行会性及其影响》，《重庆科技学院学报》（社会科学版）2010 年第 18 期。

［30］ 梁燕、耿燕、林玉伟、李相银：《基于层次分析法的高校科技创新能力评价指标体系研究》，《科学与科学技术管理》2009 年第 5 期。

［31］ 林东清、李东：《知识管理理论与实务》，电子工业出版社，2005。

［32］ 林福永：《一般系统结构模型的数学分析及其结果——若干一般系统原理与规律》，《系统工程理论与实践》1998 年第 12 期。

［33］ 林福永、刘人怀：《复杂性科学中从简单到复杂的自然法则的研究及其结果》，《自然杂志》2001 年第 4 期。

［34］ 林福永、孙凯：《复杂网络关系流与行为关系定理——一般系统结构理论在复杂网络中的应用》，《系统工程理论与实践》2007 年第 9 期。

［35］ 林泽炎：《我国高校培养创新人才的现状与对策建议》，《决策咨询通讯》2008 年第 1 期。

［36］ 刘德文：《对高等学校科技创新体系的再认识》，《技术创新与管理》2004 年第 1 期。

［37］ 刘国新、闫俊周：《国外主要技术创新方法述评》，《科学管理研究》2009 年第 4 期。

［38］ 刘丽平：《美国高等教育改革发展的特点及启示》，《兰

州大学学报》（社会科学版）2008 年第 2 期。

[39] 刘小明：《福建省高校科技创新能力与体系研究》，福州大学硕士学位论文，2003。

[40] 刘永谋：《创新方法研究的方法论研究》，《科技进步与对策》2010 年第 4 期。

[41] 路甬祥：《创新与未来——面向知识经济的国家创新体系》，科学出版社，1998。

[42] 吕洪良：《论国家创新体系中的知识管理》，《技术经济》2004 年第 6 期。

[43] 欧阳康：《如何构建中国大学创新体系》，《中国高等教育》2002 年第 20 期。

[44] 钱学森：《论系统工程》，湖南科学技术出版社，1987。

[45] 邱均平、丁敬达：《科研评价指标体系优化方法研究——以中国高校科技创新竞争力评价为例》，《评价与管理》2010 年第 1 期。

[46] 饶华球：《在深化改革中构建高校科技创新体系》，《南京工程学院学报》2002 年第 2 期。

[47] 申皓、陈蓓：《试析法国的高等教育体制》，《法国研究》2007 年第 3 期。

[48] 沈春光：《基于系统论的高校科技创新体系的要素与结构平台建设研究》，《人力资源管理》2009 年第 2 期。

[49] 宋广林、李文华：《谈农业高校科技创新平台体系的建设》，《农业科技管理》2009 年第 2 期。

[50] 孙留欣：《刍议高校科技创新体系建设问题》，《河南社会科学》1999 年第 4 期。

[51] 孙站成：《国家创新体系下的高校科技管理队伍建设》，《安徽科技》2005 年第 Z1 期。

[52] 孙忠权、孙华昕：《探索高校参与地方科技创新体系建设的新思路——以华北电力大学服务昌平区域经济为例》，

《中国电力教育》2009年第3期。

[53]（台）刘靖国：《近年英国高等教育的发展》，《学校行政双月刊》2004年第9期。

[54]王烽：《大学知识创新行为的经济实质和特征》，《软科学》2001年第2期。

[55]王宏起、王丽娜：《国外科技园区的比较研究和大学科技园发展因素分析》，《技术经济》2001年第8期。

[56]王焕梅、王爱玲：《高校教师创新能力的制约因素探究》，《河北师范大学学报》（教育科学版）2010年第6期。

[57]王生钰、李培凤：《论高等学校科技创新体系形成的标志》，《教育理论与实践》2003年第11期。

[58]王英杰：《美国高等教育发展与改革百年回眸》，《高等教育研究》2000年第1期。

[59]韦秉兴、冯键玲、廖丽珍：《日本高校培养创新型人才的一些主要做法》，《广西广播电视大学学报》2006年第9期。

[60]魏欣亚、张武军：《北京高校科技成果转化创新模式的探索》，《科技管理研究》2008年第12期。

[61]吴克燕、蔡洁：《高校开设创新课程的探索》，《中国成人教育》2010年第11期。

[62]席升阳、韩德超、韩信传：《国内外主要创新方法研究及应用评述》，《创新科技》2010年第8期。

[63]徐峰：《国外企业应用创新方法的经验与启示》，《中国科技论坛》2009年第8期。

[64]徐小洲、胡瑞：《英国高校创业教育新政策述评》，《比较教育研究》2010年第7期。

[65]杨六栓：《美国高校创新人才培养的实践及启示》，《河南社会科学》2010年第5期。

[66]杨明：《论中国高校基层学术组织创新的问题和对策》，《浙江大学学报》（人文社会科学版）2010年第7期。

[67] 姚小玲、陈萌:《美国高校区域创新能力研究》,《北京航空航天大学学报》(社会科学版) 2010 年第 5 期。

[68] 〔英〕约翰·亨利·纽曼:《大学的理念》,高师宁译,贵州教育出版社,2006。

[69] 于忠海:《教育改革中行政化管理与教师专业自主博弈的反思》,《教育学报》2009 年第 1 期。

[70] 云飞、叶茂、唐小我:《技术创新方法的发展历程及解决方案研究》,《电子科技大学学报》(社会科学版) 2009 年第 5 期。

[71] 云龙:《科技创新方法体系的新探索》,《发明与创新》2003 年第 8 期。

[72] 曾惠芳、李化:《英国纽曼与德国洪堡的大学理念比较》,《理论观察》2009 年第 4 期。

[73] 曾旸:《高校在国家科技创新体系中的定位》,《科技管理研究》2005 年第 9 期。

[74] 詹春燕:《洪堡的大学思想及其对我国高校办学理念的有益启示》,《现代教育论丛》2007 年第 9 期。

[75] 张斌、陈广胜、范德林:《高校创新方法推广普及试点建设的现状及策略探析》,《科技管理研究》2010 年第 9 期。

[76] 张凤、何传启:《知识创新的原理和路径》,《中国科学院院刊》2005 年第 5 期。

[77] 张林、曾昭智:《高校科技创新体系建设的核心问题与战略措施》,《技术创新与管理》2004 年第 1 期。

[78] 张明龙:《美国高校科技创新活动管窥》,《黑龙江史志》2009 年第 18 期。

[79] 张启人、林福永:《复杂性科学中复杂性根源的研究及其结果》,《系统工程理论与实践》2002 年第 10 期。

[80] 张巍、朱艳:《从美国研究生教育的历史进程看其发展的特点及优势》,《吉林省教育学院学报》2006 年第 4 期。

［81］张武城：《技术创新方法概论》，科学出版社，2009。

［82］张秀萍、高树仁：《论基于三螺旋理论的大学知识创新模式》，《沈阳师范大学学报》（社会科学版）2010 年第 3 期。

［83］张忠迪：《我国高校科技创新体系建设研究综述》，《长春工业大学学报》（高教研究版）2007 年第 2 期。

［84］赵长禄：《面向知识经济的高校科技创新体制》，《北京理工大学高等教育研究》1998 年第 4 期。

［85］赵沁平：《分析发展趋势研究发展战略，积极推进大学科技创新体系建设》，《中国高等教育》2003 年第 8 期。

［86］赵清：《北京高校科技创新管理工作研究》，《北京工商大学学报》（社会科学版）2010 年第 4 期。

［87］郑存库：《论高校科技创新的运行机制》，《科技·人才·市场》2001 年第 4 期。

［88］郑卫东：《加拿大、德国、日本高校的人才战略及其启示与建议》，《高等农业教育》2006 年第 2 期。

［89］周静、王立杰：《主要 OECD 国家高校科技创新体系的基本要素的比较研究》，《高教探索》2005 年第 2 期。

［90］周立军：《区域创新网络的结构与创新能力研究》，南开大学博士学位论文，2009。

［91］周勇：《建立开放式的科技创新体系》，《科学与管理》2002 年第 5 期。

［92］朱晓东：《大学知识创新体系研究》，东南大学博士学位论文，2005。

［93］朱央央：《探索高校新型科技体系，提高高校科技创新能力》，《科技管理研究》2010 年第 4 期。

［94］Fuyong Lin, T. C. Edwin Cheng, "The Principles and Laws of General Systems and Their Applications", *Kybernetes – The International Journal of Systems & Cybernetics*, 1999, 28 (1).

［95］Fuyong Lin, T. C. Edwin Cheng, "The Structural Model of

General Systems and Its Proof", *Kybernetes – The International Journal of Systems & Cybernetics*, 1998, 27 (9).

[96] Nonaka I., Takeuchi H., *The Knowledge – Creating Company: How Japanese Companies Create the Dynamics of Innovation*, Oxford University Press, USA, 1995.

图书在版编目（CIP）数据

高校创新方法与创新体系研究/程桂枝，孟海亮著.
—北京：社会科学文献出版社，2013.10
ISBN 978 - 7 - 5097 - 5002 - 5

Ⅰ.①高…　Ⅱ.①程…②孟…　Ⅲ.①高等学校 -
知识创新 - 研究　Ⅳ.①G64

中国版本图书馆 CIP 数据核字（2013）第 201372 号

高校创新方法与创新体系研究

著　　者／程桂枝　孟海亮

出 版 人／谢寿光
出 版 者／社会科学文献出版社
地　　址／北京市西城区北三环中路甲 29 号院 3 号楼华龙大厦
邮政编码／100029

责任部门／经济与管理出版中心（010）59367226　　责任编辑／冯咏梅
电子信箱／caijingbu@ ssap. cn　　　　　　　　　　责任校对／刘玉清
项目统筹／恽　薇　冯咏梅　　　　　　　　　　　　责任印制／岳　阳
经　　销／社会科学文献出版社市场营销中心（010）59367081　59367089
读者服务／读者服务中心（010）59367028

印　　装／三河市尚艺印装有限公司
开　　本／787mm×1092mm　1/20　　　　　　印　　张／8.6
版　　次／2013 年 10 月第 1 版　　　　　　　　字　　数／150 千字
印　　次／2013 年 10 月第 1 次印刷
书　　号／ISBN 978 - 7 - 5097 - 5002 - 5
定　　价／39.00 元